rudolf steiner

wie manche ihn sehen und andere wahrnehmen

Rudolf Steiner, 1905 Foto: Rietmann

walter kugler

rudolf steiner
wie manche ihn sehen
und andere wahrnehmen

verlag freies geistesleben

Dr. Walter Kugler, geboren 1948, Erziehungswissenschaftler, Politologe und Ausstellungskurator, ist Leiter des Rudolf Steiner Archivs in Dornach / Schweiz und seit 1975 Mitherausgeber der Rudolf Steiner Gesamtausgabe.

ISBN 978-3-7725-2080-8

1. Auflage der erweiterten Neuausgabe 2008

Verlag Freies Geistesleben,
Landhausstr. 82, 70190 Stuttgart
Internet: www.geistesleben.com

Die erste Ausgabe erschien 2001 unter dem Titel *Feindbild Steiner*
Herausgeber: Jean-Claude Lin / Redaktion: Maria A. Kafitz

Einbandentwurf: Maria A. Kafitz, unter Verwendung
eines Fotos von Wolfgang Schmidt, Ammerbuch

Gesamtherstellung: CPI – Clausen & Bosse, Leck

Inhalt

Rudolf Steiner um 1901 in der Arbeiterbildungsschule

Vorwort zur erweiterten Neuausgabe

Als vor sieben Jahren die erste Auflage dieser kleinen Schrift, damals unter dem Titel *Feindbild Steiner,* erschien, hatte ich die leise Hoffnung, dass sich an diesem Bild auch einmal etwas ändern könnte. An substantiellen Publikationen aus den Reihen der Anthroposophen sollte es nicht mangeln, und wenn man sich eingehender im Werk Rudolf Steiners orientieren wollte, dann hätte man – wenn man sich schon nicht durch mehr als 300 Bände der Steiner Gesamtausgabe lesend hindurchackern will – anhand der digitalen Plattformen (Internet oder HDD) doch einiges Substantielles zu bestimmten Kontroversen zu Tage fördern können. Von all dem aber machte eine bestimmte Spezies von Kritikern offensichtlich keinen Gebrauch, denn ihr ging und geht es nach wie vor nicht wirklich um Sachlichkeit und Klarheit. Worum es ihr wirklich geht, liegt nach wie vor im Dunkeln, aber vielleicht geht es auch nur darum – wie später beschrieben –, die hierfür gern herangezogenen Waldorfschulen «in ein schlechtes Licht» zu rücken?

Das wohl krasseste Beispiel an Verirrung und gezielter Verwirrung lieferte inzwischen die *Frankfurter Allgemeine Sonntagszeitung* vom 8. Juli 2007 mit einem Beitrag von Alexander Kissler, der auch in der Feuilletonredaktion der *Süddeutschen Zeitung* heimisch ist. «Im Neger wird fortwährend gekocht» titelte das Blatt und setzte noch eins drauf und optisch drunter: «Das Familienministerium will die Jugend vor Rudolf Steiners Rassentheorie schützen. Eine Studie verzeichnet Gewalt an Waldorfschulen.» Mehr an Abstrusem ließ sich wohl nicht in einer Headline unterbringen!

Das Protestschreiben von Prof. Dr. Christian Pfeiffer, Leiter des Kriminologischen Forschungsinstitutes Niedersachsen e.V., gegen die falschen Behauptungen des Autors über angebliche Gewalt an Waldorfschulen, wurde meines Wissens nie in der FAZ-Sonntagszeitung publiziert – und wenn auch: Das Kind lag schon tief im Brunnen. Vielleicht auch, um weiteren Kindern dieses Schicksal zu ersparen, entgegnet der Kriminologe: «Es gibt keine Studie des KFN zur Gewalt an Waldorfschulen. Richtig ist nur, dass wir Anfang 2005 im Rahmen einer in elf Landkreisen und Städten realisierten Schülerbefragung auch 520 Schülerinnen und Schüler von Waldorfklassen erfasst hatten.» Und weiter stellt er fest: «Die Ergebnisse zu Waldorfschulen werden von Herrn Kissler sehr selektiv präsentiert. Besonders ärgerlich ist, dass er einen extrem positiven Befund überhaupt nicht referiert, weil er offenkundig nicht in den Gesamttenor seines Artikels gepasst hätte.»

Zu welchem Ergebnis die Wissenschaftler gekommen sind, fasste Pfeiffer dann so zusammen: «Wir interpretieren die Daten als klares Indiz dafür, dass die Waldorfpädagogen sich im Schulunterricht engagiert gegen Fremdenfeindlichkeit und Rassismus einsetzen. Es erscheint deshalb geradezu absurd, die Daten unserer Schülerbefragung zur Unterstützung einer These einzusetzen, wonach an Waldorfschulen mit rassistischem Gedankengut gearbeitet wird, das Herr Steiner in den 30er Jahren produziert haben soll.» Und sein Schreiben endet mit den Worten: «Herr Kissler hätte diese gravierenden Mängel seines Artikels vermeiden können, wenn er mit mir oder einem an der Untersuchung beteiligten Mitarbeiter gesprochen hätte. Dieser journalistischen Aufklärungspflicht ist er jedoch nicht nachgekommen. Aber es ging ihm offenkundig nur darum, seinen Text über Rudolf Steiners Rassentheorie damit anzureichern, dass er die Waldorfschulen mit unseren Daten in ein schlechtes Licht rückt.» (Mehr zur Untersuchung unter: www.kfn.de)

Ähnlich krude sind Kisslers Auslassungen über Steiners angeblichen Rassismus, die nichts als eine willkürlicher Montage verschiedenster, aus dem Kontext gerissener Äußerungen Steiners sind. Auslöser für diesen Zitatenmissbrauch war wohl ein Verfahren, das damals bei der Bundesprüfstelle für jugendgefährdende Medien noch lief. Die Aufgabe der Bundesprüfstelle ist es, eingegangene Anzeigen zu prüfen und eine Entscheidung darüber zu treffen, ob ein Film, ein Buch oder eine Propagandaschrift in die Liste jugendgefährdender Medien aufzunehmen ist. Im Anschluss an eine Anhörung der Betroffenen im September 2007 wurde beschlossen, die beiden zur Diskussion stehenden Bücher von Rudolf Steiner nicht zu indizieren. Unmittelbar darauf hat einer der gegenwärtig wohl fanatischsten Steiner-Kritiker eine Dienstaufsichtsbeschwerde gegen die Ausschussvorsitzende eingereicht, die jedoch mit aller Deutlichkeit zurückgewiesen wurde.

Mitentscheidend für diesen Ausgang des Verfahrens war wohl, dass die Vertreter der Rudolf-Steiner-Nachlassverwaltung (C. Bohlen und der Autor) zugesichert haben, die entsprechenden Stellen in Zukunft zu kommentieren, um damit einem möglichen Missbrauch vorzubeugen, eine Praxis, die schon seit 2005 in einigen Bänden der Gesamtausgabe Rudolf Steiners zur Anwendung gekommen war.

Die Sensibilisierung für jene Worte, die eine Mitschuld an den rassistischen Exzessen des 20. Jahrhunderts zu tragen haben, hat heute ein hohes Maß an öffentlicher Aufmerksamkeit und Erregbarkeit erreicht. Davor schützt auch nicht die bloße Erkenntnis, dass Worte, lange bevor sich ihre missbräuchliche Wirkung offenbarte, in durchaus redlicher Absicht verwendet wurden und ursprünglich vielleicht sogar eine ganz andere als die heutige Bedeutung hatten. Tatsache ist, dass einige wenige Stellen in Steiners umfangreichem Gesamtwerk – im heutigen Kontext gelesen – auf den ersten Blick den Eindruck bzw. das Gefühl einer Diskriminierung aufkommen lassen können. Wer solch ein Gefühl mit dem Hinweis auf «fehlendes Kontext-Bewusstsein» oder «mangelnde Kenntnis der Grundlagen» oder Ähnlichem einfach hinwegzudiskutieren glaubt, tut Rudolf Steiner und sich selbst gewiss keinen Gefallen. Denn ein spontanes Gefühl zu ignorieren oder gar zu missachten, unterbindet von vorneherein jeden weiteren sachlichen Erkenntnisvorgang.

Vor diesem Hintergrund wurde den Herausgebern immer deutlicher, dass es nicht genügt, den anderen, den Kritikern, ständig den Vorwurf zu machen, dass doch bitteschön der gesamte Kontext zu berücksichtigen sei und gleichzeitig nichts dafür zu tun, dass der Kontext und die grundlegende Haltung von Rudolf Steiner zur Rassenfrage oder zum Antisemitismus auch ins Blickfeld gerückt werden. In Fortführung der schon vor längerer Zeit begonnenen Editionspraxis wird daher eine entsprechende Kommentierung weiterer Stellen der Gesamtausgabe vorgenommen werden.

Neben kleineren Korrekturen und Ergänzungen wurde in dieser Ausgabe der Abschnitt «Der Okkultismus: Quelle der Wissenschaften» (der ursprünglich lauten sollte: «Die Angst der Kritiker vor dem Okkulten», eine Überschrift, die ich dann aber doch habe fallenlassen) neu hinzugefügt. Das Kapitel «Steiner contra Antisemitismus» wurde überarbeitet und erweitert.

Dornach, im Frühjahr 2008 *Walter Kugler*

Zur Leinwand mutiert: Steiner im Spiegel der Zeiten und der Kritik

Steiner, so hatte ich es Jahre hindurch immer wieder Studenten, Archiv- und Ausstellungsbesuchern, Journalisten und Gott weiß wem ins Gedächtnis buchstabiert, war Goetheforscher und einer der besten Nietzsche-Kenner seiner Zeit. Im Anschluss an sein Studium der Naturwissenschaften an der Wiener Technischen Hochschule bearbeitete er Goethes naturwissenschaftliche Schriften für die Kürschner- und später für die große Weimarer Sophien-Ausgabe. Er war Herausgeber einer Schopenhauer-, Wieland-, Uhland- und Jean-Paul-

Arthur Schopenhauers

sämtliche Werke

in zwölf Bänden.

Mit Einleitung von Dr. Rudolf Steiner.

Erster Band.

Inhalt:

Ueber die vierfache Wurzel des Satzes vom zureichenden Grunde.

Stuttgart.

Verlag der J. G. Cotta'schen Buchhandlung

Nachfolger.

Titelblatt der von Steiner herausgegebenen Schopenhauer-Gesamtausgabe.

Goethe- und Schiller-Archiv in Weimar, wo Steiner von 1890 bis 1896 mit Goethes naturwissenschaftlichen Arbeiten für die Sophien-Ausgabe beschäftigt war.

Ausgabe und Autor mehrerer philosophischer Werke. Er war Redakteur einer Literaturzeitschrift in Berlin, unterrichtete sechs Jahre an der von Wilhelm Liebknecht begründeten Arbeiterbildungsschule und war eine Zeit lang Generalsekretär der Deutschen Sektion der Theosophischen Gesellschaft, gründete 1912 die Anthroposophische Gesellschaft und titelte seine geisteswissenschaftlichen Forschungen mit dem schon von Fichte und Schelling verschiedentlich umkreisten Begriff «Anthroposophie». In Dornach bei Basel entstand nach seinen Entwürfen und unter seiner Leitung ein Ensemble von mehr als zehn Wohn- und Zweckbauten, worunter das

Goetheanum zu den bedeutendsten Bauwerken des zwanzigsten Jahrhunderts zählt.

Nach dem Ersten Weltkrieg unterstützte er die Betriebsrätebewegung, begründete die Waldorfschule und setzte seine Vortragstätigkeit fort: über Kosmologie, Philosophie, Tod und Geburt, aber auch Landwirtschaft, Nationalökonomie, Pädagogik und Medizin. Und er skizzierte damit Wegbeschreibungen, deren Gestus sich weder einem sich allem und jedem anpassenden Hinunter beugte und auch kein verklärendes Hinauf behauptete, sondern ein ständiges Dazwischen-Sein, zwischen Geist und Materie, Idee und Erfahrung, Egoismus und Altruismus provozierte. Seine stets frei gehaltenen Vorträge – insgesamt mehr als 5000 – waren ein Kulturereignis: in Berlin, München, Helsinki, Paris und Prag. Kafka und Max Brod haben ihn gehört, Kandinsky, Morgenstern, Tucholsky, Rosa Luxemburg und dann noch die vielen, von den Chronisten unerwähnt Gebliebenen, aber nichtsdestominder den Zeitverlauf Prägenden: Ärzte und Pfarrer, Arbeiter und Studenten, Lehrer und Landwirte. – Als ordentlicher Archivar und langjähriger Mitherausgeber der Steiner-Gesamtausgabe hatte ich natürlich meine Lektion gelernt.

Doch von alledem ist heute nicht mehr die Rede. Die neu erstandene Spezies von Kritikern, die vorher und nachher nie und nirgendwo irgend etwas Bemerkenswertes zu Papier gebracht oder in die Mikrophone diktiert hat, weiß von alldem nichts und will es auch nicht wissen. Steiner ist endgültig zu einer Leinwand mutiert. Schon zu seinen Lebzeiten projizierten seine Nicht-Freunde all das, was sie für die Schreckgespenster ihrer Zeit zu erachten glaubten, auf ihn, als gäbe es keine beängstigerenden und bedrohlicheren Erscheinungen auf dem Globus als den Begründer der Anthroposophie. Mal Kommunist, mal Freimaurer, mal Guru, mal Antichrist – die Beliebigkeit feierte Urstände und entsprechend konsequent wurde sein Einbürgerungsantrag von den Eidgenossen abgelehnt. Rassist, Faschist, Antisemit, das sind die Formeln, mit denen man heute jeden und alles abwürgen kann – auch Steiner und die Anthroposophen. Ihr inflationärer Gebrauch macht sie um keinen Deut wahrer. Und all jene, auf die sie tatsächlich zutreffen, machen immer so weiter.

Das Magazin für Litteratur.

Begründet von Joseph Lehmann im Jahre 1832.

Herausgegeben von Rudolf Steiner und Otto Erich Hartleben.

Verlag von Emil Felber in Weimar.

Redaktion: Berlin W 30, Habsburgerstraße 11 I.

Erscheint jeden Sonnabend. — Preis 4 Mark vierteljährlich. Bestellungen werden von jeder Buchhandlung, jedem Postamt (Nr. 4548 der Postzeitungsliste), sowie vom Verlage des „Magazins" entgegengenommen. Anzeigen 40 Pfg. die viergespaltene Petitzeile.

Preis der Einzelnummer 40 Pfg.

67. Jahrgang. Berlin und Weimar, den 6. August 1898. Nr. 31.

Auszugsweiser Nachdruck sämtlicher Artikel, außer den novellistischen und dramatischen, unter genauer Quellenangabe gestattet. Unbefugter Nachdruck wird auf Grund der Gesetze und Verträge verfolgt.

Inhalt:

Litteratur, Wissenschaft, Kunst und öffentliches Leben.

Dramaturgische Blätter.

Künstlerbildung.

Vor einigen Tagen hatte ich einen Traum. Ich träumte von einem Leitartikel der Zukunft. Ich las ganz deutlich in einer Auseinandersetzung, die über die Berechtigung des Bundes der Landwirte, über Stirner, Nietzsche und das monarchische Gefühl handelte, einen Satz über Kant. Ich traute meinen Augen nicht, aber in diesem Satze stand wörtlich: „die Kategorie des Imperativs." Ich war — im Traume — sehr verwundert, denn solche Blößen gibt sich doch Maximilian Harden nicht. Er hat zwar einmal einen Satz in einem Leitartikel der Zukunft geschrieben, in dem er zeigte, daß er von Kant's „Kategorischen Imperativ" keinen rechten Begriff hat; aber da er gar „Die Kategorie des Imperativs" schreibt, statt „Der kategorische Imperativ": das versetzte mich — selbst im Traume — in Verwunderung. Ich wachte auf, rieb mir die Augen, und sagte mir: o du Träumer, das

721

kam wieder von solch einem Aerger über die Schriftstellerei. Du ärgerst dich so furchtbar über den vielen Unsinn, der dir täglich durch die „Ritter der Feder" vor Augen tritt, daß dich der Aerger im Schlafe verfolgt. Aber meine Träume übertreiben. Es ist nicht wahr, daß jemals in einem Leitartikel der Zukunft „Die Kategorie des Imperativs" zu lesen war.

Sie werden wol recht haben, meine Träume. Denn Alfred, mein Kerr, hat mir einmal gesagt: ich wolle nicht so recht in's Zeug gehen und nach Herzenslust schimpfen. Der verbissene Groll wird es wol sein, der mich im Schlafe als Alpdrücken verfolgt.

Ich kleidete mich an, trank Kaffee und dann mußte ich mir aus einem Geschäfte der Potsdamerstraße etwas holen. Ich sah zum ersten Male die beiden plastischen „Kunstwerke", die auf der Potsdamerbrücke aufgestellt sind. Ein biederer, jovialer Mann sitzt da, mit milden Zügen. Ich könnte ihn für einen braven Werkmeister einer Fabrik halten, in der Kabeltaue und elektrische Apparate hergestellt werden. Es soll Werner Siemens, der größte Elektrotechniker sein. Da ich nicht ausgegangen war, die Geheimnisse der plastischen Kunst zu studieren, so ging ich vorüber, nicht sonderlich unbefriedigt, sie nicht gefunden zu haben. E. Moser hat das Denkmal gemacht.

Ich gelangte an's andere Ende der Brücke. Da sitzt ein anderer Mann. Ein Schulmeister, der eben nachdenkt, wie er den Kindern das A. B. C. beibringen soll. Doch nein — es soll Hermann Helmholtz sein. Ich habe immer geglaubt: der plastische Künstler soll mit den äußeren Zügen eines Mannes auch dessen Bedeutung der Nachwelt überliefern. Und bei Helmholtz scheint mir das so gar so schwierig nicht zu sein. Wer sich in seine Schriften vertieft, wird eine scharf umrissene Vorstellung von der Persönlichkeit dieses Mannes erhalten. Und wer diese Vorstellung vergleicht mit den Zügen seines Gesichtes, wird den Einklang der körperlichen und der geistigen Physiognomie erkennen, die bei ihm so auffällig war. Und Helmholtz hat ja auch Lebenserinnerungen geschrieben. Wer ihn je gesehen hat, muß bei jeder Zeile an die äußere Erscheinung des Forschers denken. Der Mann, der, von Max Klein gebildet, das eine Ende der Potsdamerbrücke zieren soll, erinnert in keinem Zuge an den Schreiber dieser Erinnerungen.

722

Von Juli 1897 bis September 1900 gab Steiner «Das Magazin für Litteratur» heraus.

Selbst der Verleger des Magazins, Emil Felber, meinte, am 21. September 1897 an Rudolf Steiner wegen dessen allzu jüdischer Beiträge schreiben zu müssen:

«Ich kann die Abbestellung niemand verdenken; ich würde auch nicht auf das Magazin abonnieren. Wir leiden an chronischem Manuskriptmangel und Nummern, wie die dieswöchentliche verraten das so deutlich, dass alles Vertrauen schwinden muss. Man braucht nicht gerade Antisemit zu sein, um Nummern wie die dieswöchentliche denn doch nicht gerade gern zu sehen. Die Nummer macht den Eindruck eines Magazins für das Judentum. Jüdische Fragen und lauter jüdische Autoren; denn Ihrem Namen nach wird man Sie in den meisten Fällen auch zum auserwählten Volke rechnen.»[1]

Der Okkultismus: Quelle der Wissenschaften

Dass sich die Denkweisen im Laufe der Kulturentwicklung geändert haben, ist nicht zu leugnen. Ob aber alles, was gegenwärtig im Gewande der Wissenschaft daherkommt, plausibler, exakter oder wahrheitsgemäßer ist als die vielleicht zugegebenermaßen manchmal kryptischen Überlieferungen früherer Zeiten, ist für seriöse Wissenschaftler nach wie vor eine große Frage. Denn je tiefer man in die Erscheinungen der Natur eindringt, desto deutlicher werden die Schwierigkeiten, mit den zeitbedingten Methoden und Instrumentarien die grundlegenden Fragen unseres Daseins zu erklären. Dies gilt für die Erforschung des Ursprungs allen Seins ebenso wie für das Phänomen des Erdmagnetismus, das nicht damit «bewiesen» werden kann, indem man dessen Wirkung anhand der Ausrichtung der Magnetnadel feststellt.

Bei genauerem Hinsehen zeigt sich, dass das, was im Okkulten, im Verborgenen vor sich geht, und von den großen Okkultisten aller vorangehenden Epochen erforscht und beschrieben wurde, letztlich ein wesentliches Antriebspotenzial für die heutigen Wissenschaften ist. Anders gesagt: Die Okkultisten vergangener Tage wie etwa Agrippa von Nettesheim, die Rosenkreuzer oder Paracelsus sind die Vorgänger und Wegbereiter der heutigen Wissenschaften. «Die Phalanx dieser Okkultisten», so der studierte Naturwissenschaftler und Schriftsteller Andrej Belyj, «geht unwillkürlich zu den Vätern der Naturwissenschaft über. Zum Beispiel Newton; seine ‹Kraft› ist natürlich die ‹qualitas occulta›. Ich sage es einmal großzügig: auch Newton ist Okkultist; alle Newtonschen Theorien in der Physik sind unwillkürlich mystisch.»[2]

Rudolf Steiner scheute sich nicht, auf beiden Ebenen zu forschen. Die Folge war: den «Okkulten» war er nicht immer okkult und den modernen Wissenschaftlern nicht wissenschaftlich genug. Schaut man sich die Steiner-Kritiker von damals und heute an, dann bemerkt man sehr bald, dass sie weder das eine, noch das andere Gebiet – und schon gar nicht ihren Zusammenhang – eingehend studiert haben.

Einer, der beide Gebiete beackert hat, ist der amerikanische Wissenschaftler und Publizist (*Life* und *Time*) Russell W. Davenport. In seinem posthum erschienenen Buch *The Dignity of Man* (New York 1955) fasst er seine Eindrücke so zusammen: «Dass die akademische Welt es fertig gebracht hat, Steiners Werke als unbegründet und unerheblich abzutun, ist eines der intellektuellen Wunder des 20. Jahrhunderts. Wer auch immer es auf sich nimmt, dieses umfangreiche Werk mit offenem Sinn zu prüfen (sagen wir wenigstens hundert Bände), wird sich einem der größten Denker aller Zeiten gegenübersehen, dessen Beherrschung der modernen Wissenschaften ebenso bewundernswert ist wie seine Kenntnis auf dem Gebiete der alten Wissenschaften. Steiner ist nicht mehr Mystiker als Albert Einstein; er war in erster Linie Wissenschaftler, aber ein Wissenschaftler, der es wagte, in die Geheimnisse des Lebens einzudringen.»

Achtung: Staatsgefährdend!

In den zwanziger Jahren bezichtigte die *Frankfurter Zeitung* Steiner des «Verrats am Deutschtum» und verurteilte damit seine Haltung in der Oberschlesien-Frage (1921), denn der «Doktor» hatte die Parole ausgegeben, weder für den Verbleib von Oberschlesien in Deutschland noch für den Anschluss an Polen zu votieren. Seine Devise lautete: Boykottierung der Abstimmung, denn der Nationalismus gehört der Vergangenheit an. Er plädierte für die Errichtung «sozialer Territorien».

Dass ihm jegliche Art von Nationalismus als etwas Anachronistisches und geradezu Unerträgliches erschien, hatte man damals immerhin schon bemerkt, leider zumeist auf der

Einladung
zum
101. u. 102.
Abend
der
KOMMEN-
DEN

Donnerstag, am
12. Juni und
Donnerstag am
19. Juni

NOLLENDORF-
CASINO,
Kleist-Straße 41.

Der Abend am
5. Juni fällt aus.

I. A.:
Dr. Rud. Steiner.

Vor Einführung neuer Gäste ist behufs schriftlicher Einladung Rücksprache mit einem der sieben Mitglieder (Dr. Colmers, Dr. Gotendorf, H. Katsch, Dr. Lux, v. Méville, Rossius vom Rhyn, Dr. Steiner) zu nehmen.

Der Literatenkreis «Die Kommenden» war im Mai 1900 von dem Dichter Ludwig Jacobowski, der auch Mitarbeiter im Büro des «Verein zur Abwehr des Antisemitismus» war, gegründet worden. Die wöchentlich stattfindenden Zusammenkünfte dienten der Begegnung und dem Austausch zwischen Vertretern der jüdischen Erneuerungsbewegung und der kulturellen Avantgarde. Zu den Mitgliedern gehörten u. a. Else Lasker-Schüler, Stefan Zweig, Ephraim Moses Lilien, Käthe Kollwitz und Franz Oppenheimer. Nach dem Tod Jacobowskis im Dezember 1900 übernahm Rudolf Steiner die Leitung der «Kommenden».

Sehr verehrter lieber Herr Doktor.
Vielleicht können Sie mir 100 Franken leihen, für uns, die wir Künstler sind! Ich war doch früher auch ihr Freund – immer. Wollen Sie, werden Sie?
Else Lasker-Schüler

Postkarte der Schriftstellerin Else Lasker-Schüler an Rudolf Steiner vom 14. Oktober 1922 falschen Seite. So beschimpfte noch im selben Jahr Hitler im *Völkischen Beobachter* den «Juden Steiner» – der er aber nun auch nicht war – wegen seiner Beziehungen zu dem damaligen Reichsaußenminister Simons und dessen liberaler Politik. 1935 erließen die Nationalsozialisten ein Verbot der Anthroposophischen Gesellschaft und leiteten damit das vorläufige Ende sämtlicher Waldorfschulen in Deutschland ein:

«Nach der geschichtlichen Entwicklung der Anthroposophischen Gesellschaft ist diese international eingestellt und unterhält auch heute noch enge Beziehungen zu ausländischen Freimaurern, Juden und Pazifisten. Die auf der Pädagogik des Gründers Steiners aufgebauten und in den heute noch bestehenden anthroposophischen Schulen angewandten Unterrichtsmethoden verfolgen eine individualistische, nach dem Einzelmenschen ausgerichtete Erziehung, die nichts mit den nationalsozialistischen Erziehungsgrundsätzen gemein hat. Infolge der Gegensätze zwischen den Anschauungen der Anthroposophischen Gesellschaft und den vom Nationalsozialismus vertretenen völkischen Gedanken bestand die Gefahr, dass durch eine weitere Tätigkeit der Anthroposophischen Gesellschaft die Belange des nationalsozialistischen Staates geschädigt werden.

Die Organisation ist daher wegen ihres staatsfeindlichen und staatsgefährdenden Charakters aufzulösen.»

i. V. gez. Heydrich[3]

Als staatsgefährdend wurden Steiners Aktivitäten schon in den frühen Dornacher Jahren – um 1920 – eingestuft. Damals sah man die «Landessicherheit» der schweizer Alpenrepublik in Gefahr wegen «kommunistischer Umtriebe» und der «Unterhöhlung der seelischen Gesundheit durch die Methoden eines skrupellos betriebenen Vampirismus». Ja, und weil die Aushebelung der staatlichen Ordnung natürlich auch Geld kosten musste, doppelte der Informant der schweizerischen Bundesanwaltschaft gleich tüchtig nach mit der Spekulation, dass «im Areal des Dornacher Baus heimlich Goldschätze aufgehäuft» seien.[4]

Vom Vorwurf des Jesuitismus blieb Steiner ebenso wenig verschont, wie von der scharfen Verurteilung durch völkisch-nationalistisch denkende Vertreter des Antisemitismus: «Was wir über die gänzlich verjudete anthroposophische Bewegung und Rudolf Steiner denken, ist bekannt.» – So zu lesen im antisemitischen Hetzblatt *Der Judenkenner* vom 28. August 1935.

Konservative – im Gleichschritt mit Sozialisten – bezichtigten Steiner des Jesuitismus und obskuren Freimaurertums; die Rechten warfen ihm kommunistische Unterwanderung vor und alle zusammen frönten ihrem Antisemitismus und marginalisierten Steiner als Juden. Den Projektionen waren und sind keine Grenzen gesetzt.

Bericht des SD-Hauptamtes Berlin über die Anthroposophische Gesellschft vom 8. Mai 1935/Grundlage des Verbotes vom 1. November 1935

[...] Als Anthroposoph war Steiner internationaler Pazifist und Weltverbrüderer. Er propagierte offen die Abkehr vom Rassenprinzip, hatte enge Beziehungen mit ausländischen Freimaurern, Juden, Pazifisten und war selbst Generalgroßmeister der internationalen Loge M Ae (Mystica Aeterne mit 9 Graden).

[...] Bezeichnend ist auch, dass nach Steiners Tod ein Jude, und zwar der ehemalige Stuttgarter Fabrikant Dr. Karl UNGER, Vorsitzender der Anthroposophischen Gesellschaft wurde.

Zwischen 1899 und 1902 war Steiner Lehrer an der marxistischen Liebknechtschule und rühmte sich öffentlich seiner Beziehung zu Liebknecht. Er bewarb sich im Revolutionsjahr 1918 mit Hilfe seiner kommunistischen Freunde um einen württembergischen Ministersessel. Später trat er mit dem verkappten kommunistischen Dreigliederungsprojekt an die Öffentlichkeit. Für die anarchisch-kommunistische Gesinnung der Anthroposophen sprechen auch die Erklärungen zum Marximus und für Rosa Luxemburg (im Volkshaus Zürich 1919), sowie das landesverräterische Treiben bei den Wahlen in

Oberschlesien und im Saargebiet. [...] Es bestehen heute noch in Deutschland anthroposophische Schulen, in denen Steiners Unterrichtsmethoden angewandt werden. Die Pädagogik Steiners steht in unvereinbarem Gegensatz zum Nationalsozialismus. Die Schulen verfolgen eine individualistische, nach dem Einzelmenschen ausgerichtete Erziehung, die nichts mit den nationalsozialistischen Erziehungsgrundsätzen gemein hat. Der Nationalsozialismus erstrebt die pflichtbewusste, kämpferische Persönlichkeit, die nach dem gesamten deutschen Volke ausgerichtet ist. Dieses ideale Erziehungsziel kann nur durch eine aus dem Nationalsozialismus heraus geschaffene Pädagogik erreicht werden.[5]

Wie dünn das Eis ist

Zweifellos, es gibt Äußerungen im dreihundertbändigen Werk Steiners, die treiben uns Veteranen der Anti-Vietnam-Generation den Schweiß aus allen Poren und mitten auf die Stirn. Da hilft zur Beruhigung auch nicht, dass Schelling und Marx, Adorno und Hesse auch mal tüchtig daneben gegriffen haben. Und dennoch: Steiner als Antisemiten, Rassisten oder Faschisten zu titulieren – das ist schon absurd. Die wenigen Wortlaute aus dem 80.000 Seiten umfassenden Steinerschen Œuvre, die von einer holländischen Kommission unter Leitung eines namhaften Experten für Menschenrechtsfragen nach den Kriterien heutiger Diskriminierungsbestimmungen als problematisch beanstandet worden waren, sind zwar real existierend, lassen sich jedoch unter Berücksichtigung des geistesgeschichtlichen Kontexts und unter Hinzuziehung weiterer Äußerungen Steiners eindeutig als nicht rassistisch lesen, so beispielsweise wenn er im Zusammenhang mit seinen Darstellungen der Idee von Reinkarnation und Karma sagt: «Sie bietet uns ja einen Ausblick darauf, dass wir mit dem innersten Kern unseres Wesens in den aufeinander folgenden Zeiten in den verschiedensten Rassen, in den verschiedensten Völkern inkarniert werden. So können wir also gewiss sein, wenn wir auf diesen Kern unseres Wesens schauen, dass wir mit ihm teilnehmen werden nicht nur an den Sonnen- oder vielleicht auch Schattenseiten aller Rassen, aller Volkstümer, sondern wir können gewiss sein, dass wir in unserem innersten Wesen aufnehmen Beitrag auf Beitrag der Segnungen aller Rassen und Volkstümer, indem wir einmal da, einmal dort inkarniert werden.» (GA 121, S. 86)

Steiners Begriff von der Entwicklung der Völker (Rassen, Kulturen), dies wird hier schon deutlich, basiert auf der Grundlage der Beobachtung komplexer Verschiebungen und Bewegungen von Ethnien über den ganzen Globus hinweg, denen jeweils «Aufstieg» und «Niedergang» gleichermaßen eigen ist. Dass hier von irgendeinem Überlegenheitsanspruch, wie er in Europa im 20. Jahrhundert immer wieder formuliert wurde, keine Rede sein kann, ja ein solcher schlicht und einfach keinen Sinn macht, wird sofort deutlich, wenn man Steiners Gedankengängen folgt.

Im Zusammenhang mit jenen beanstandeten Wortlauten kann nun aber auch mit der gleichen Eindeutigkeit gesagt werden, dass sie *de facto* nie eine Rolle in der Welt der Anthroposophen im Sinne eines Missbrauchs gespielt haben.

Man sollte ihr kritisches Urteilsvermögen nicht unterschätzen. In den vielen tausend nach dem Zweiten Weltkrieg erschienenen Buchveröffentlichungen anthroposophischer Autoren treten all diese Zitate gar nicht in Erscheinung und bilden auch keine Hintergrundkulisse, aus der heraus Überlegungen resultieren, die irgendwie auch nur annähernd rassistische Züge tragen könnten. Aber man sollte sie eben auch nicht überschätzen, die Anthroposophen, in Bezug auf ihre Steiner-Kenntnisse. Viele von ihnen haben die von der Kommission – die im übrigen den Vorwurf einer rassistischen Haltung bei Steiner nicht bestätigte – angemahnten Stellen erst in den neunziger Jahren aus der Presse erfahren, die seitdem immer wieder einige dieser Stellen zum Besten gibt, da bekanntermaßen für sie die schlechten Nachrichten die eigentlich guten sind.

Wie dünn das Eis ist, auf dem sich so mancher Kritiker bewegt, mag folgender Vorfall verdeutlichen: Als ein Vertreter der selbst von Juden nicht besonders geschätzten Organisa-

Rudolf Steiner im Jahre 1891. Geboren am 25. Februar 1861 in Kraljevec, damals Ungarn, heute Kroatien, gestorben am 30. März 1925 in Dornach, Schweiz.

tion «Kinder des Holocaust» von der Tochter des früheren Vorsitzenden des Zentralrates der Juden in Deutschland nach konkreten Namen von Schülern, die an Waldorf- bzw. Steiner-Schulen wegen ihrer jüdischen Abstammung diskriminiert würden, gefragt wurde, hat er den Hörer aufgelegt und blieb eine Antwort bis heute schuldig. Doch seine in der Fernsehsendung Report vorgebrachten Anschuldigungen waren nun einmal da und stigmatisierten die Anthroposophen.

Steiner contra Antisemitismus

Dass Steiners Beurteilung des Zionismus nicht von allen akzeptiert werden konnte, liegt im Wesen jeder kritischen Haltung, wobei er sich da von der Einstellung vieler liberaler Juden nicht sonderlich abhob. So attackierte Karl Kraus in seiner Satire *Eine Krone für Zion* (1898) die zionistische Bewegung als «jüdischen Antisemitismus», obwohl er selbst als Jude zur Welt gekommen war. Und nicht weniger heftig fiel die Kritik des Wiener Rabbi Moritz Güdmann aus, der 1897 in seinem Buch *Nationaljudentum* Theodor Herzl nach der Veröffentlichung von *Der Judenstaat* ebenfalls vehement angriff und damit der Stimmungslage unter den Rabbinern im deutschsprachigen Raum Ausdruck verlieh, die gegen die Pläne, den ersten Zionistenkongress in München abzuhalten, protestierten.[6]

Die wohl heftigste Kritik an Steiner entzündete sich an einer Äußerung in seiner 1888 in der *Wiener Deutschen Wochenschrift* erschienenen Rezension von Robert Hamerlings Epos *Homunkulus* (im Rahmen der Gesamtausgabe publiziert in *Gesammelte Aufsätze zur Literatur 1884 – 1902*, GA 32). Der Satz, der von den Kritikern immer wieder zitiert wird, lautet: «Das Judentum als solches hat sich aber längst ausgelebt, hat keine Berechtigung innerhalb des modernen Völkerlebens, und dass es sich dennoch erhalten hat, ist ein Fehler der Weltgeschichte, dessen Folgen nicht ausbleiben konnten.» (GA 32, S. 153)

Zweifellos, ein solcher Satz, herausgenommen aus einem zehn Druckseiten umfassenden Aufsatz und für sich betrachtet, muss zunächst Erschrecken auslösen. Berücksichtigt man aber den Kontext sowie den zeitgeschichtlichen Hintergrund, dann erhält man eindeutig ein ganz anderes Bild, denn sowohl in der Darstellung Hamerlings wie auch Rudolf Steiners geht es letztlich um eine Bearbeitung rund um die sehr vielschichtige Geschichte der Assimilation der Juden im 18. und 19. Jahrhundert, in der die Frage: «Wie wird es weiter gehen mit der jüdischen Kultur?», eine ganz entscheidende Rolle spielte. So waren im Zusammenhang mit der Assimilierung,

Nur 50 Pf. (und 15. Pf. Bestellgeld) vierteljährlich bei der Post.

Nr. 37. Berlin, den 11. September 1901. 11. Jahrgang.

Mittheilungen

aus dem

Verein zur Abwehr des Antisemitismus.

Herausgegeben vom Hauptbüreau in Berlin.

Abdruck sämmtlicher Artikel, auch ohne Quellenangabe, erwünscht.

1,10 Mk. sind an die Expedition, Berlin W., Dessauerstr. 25 zu senden, wenn man die „Mittheilungen" direkt im Couvert wünscht.

Postzeitungsliste: 4998. Telephon: Amt 6 Nr. 5575.

Alle Zusendungen an die Redaktion u. Expedition sind zu richten nach Berlin W., Dessauerstr. 25, und alle Geld-, Werth- und Einschreibesendungen an Herrn L. Jordan, Schatzmeister des Vereins, Berlin W., Dessauerstr. 25.

Adolf Bartels, der Litterarhistoriker.

Wer nur ein klein wenig sich selbst zu beobachten vermag, der weiß, was es mit der sogenannten „Unbefangenheit" bei geschichtlichen Betrachtungen auf sich hat. Wir urtheilen doch alle von einem persönlich gefärbten Standpunkt aus, zu dem uns Ort und Zeit unserer Geburt und das Leben gebracht haben. Am stärksten tritt das zu Tage, wenn unsere Betrachtung den geistigen Schöpfungen gilt. Es wäre eitel Selbsttäuschung, wenn man sich nicht eingestehen wollte, daß letzten Endes nicht zwei Menschen über ein Bild oder eine Dichtung gleicher Meinung sein können. Und die verschiedenen Meinungen fließen auch in unser geschichtliches Urtheil ein. Der wird den geschichtlichen Zusammenhang, in den er Lessing stellt, ganz anders schildern, der in ihm den großen Pfadfinder der neuen Litteratur sieht; und ganz anders derjenige, der mit Eugen Dühring in ihm nur eine vom „Judenthum" hinaufgeschraubte Scheingröße sieht. Wer diese Selbstbeobachtung hat, wird mit manchem Werk der Geistesgeschichte milder zu Gericht gehen, als ein solcher, der an das Märchen von der „Unbefangenheit" glaubt.

Man muß sich das vorhalten, wenn man an ein Buch herantritt, das in vieler Hinsicht charakteristisch für unsere gegenwärtige Art der Litteraturgeschichtschreibung ist, an Adolf Bartels „Geschichte der deutschen Litteratur" (Leipzig 1901, Eduard Avenarius), von dem bis jetzt der erste Band erschienen ist. Adolf Bartels ist, das soll hier gleich vorausgeschickt werden, ein Mann, der Geist und Geschmack hat. Er hat von beiden sogar so viel, daß ihn sein Maß immerhin berechtigt, von seinem Standpunkt aus, die Entwicklung der deutschen Litteratur zu betrachten. Wie aber Bartels diesen seinen Standpunkt zur Geltung bringt, das wirkt auf jemand, der Selbstbeobachtung und Selbstkritik hat, entschieden abstoßend. Ich brauche nur einen einzigen Satz hierher zu setzen, um diese Empfindung zu rechtfertigen. Bei Besprechung Goethes wendet Bartels ein Wort Jacob Burckharts auf den Faust an: „Faust ist ein echter und gerechter Mythus, d. h. ein großes urthümliches Bild, in welchem jeder sein Schicksal und seine Weise wieder zu ahnen hat." Zu diesem Satze des großen Geschichtschreibers setzt Herr Bartels hinzu: „Jawohl, und besonders, wenn er ein germanischer Mensch ist." So etwas lesen wir in dieser Litteraturgeschichte immer wieder und wieder. Adolf Bartels will als „germanischer Mensch" sein Buch schreiben. Was er eigentlich damit sagen will, kommt völlig ans Tageslicht, wenn man ein wenig zwischen den Zeilen zu lesen versteht. Es fällt mir nicht ein, Herrn Bartels gleichzustellen mit den platten Parteimenschen, die den „germanischen Menschen" erfunden haben, um damit ein möglichst wohlklingendes Wort für die Rechtfertigung ihres Antisemitismus zu haben. Ich habe vor Bartels Wissen und Geschmack zu viel Achtung, um in den Fehler zu verfallen, der in einer solchen Gleichstellung läge. Aber eines scheint mir gewiß: auf einem ähnlichen Boden, wie die unsinnigen Schwätzereien der Antisemiten, sind doch auch Bartels Auslassungen über den „germanischen Menschen" erwachsen.

Sein ganzes Buch gewinnt etwas Unwahres dadurch, daß er uns die Urtheile, die doch nur Herr Bartels fällt, als solche aufschwatzen möchte, die vom Standpunkte des „germanischen Menschen" gefällt seien. Und was viel schlimmer ist, dadurch gewinnt sein Buch etwas Gefährliches. Denn das Unwahre, das darin liegt, daß er sich seine persönliche Meinung zu der eines „germanisch" Fühlenden umdeutet, wird für ihn selbst zu einer Gefahr. Er wird kleinlich, und — auch von seinem Standpunkt aus — ungerecht. Man braucht kein unbedingter Anhänger Wilhelm Scherers zu sein, man kann die Fehler der Litteraturbetrachtung dieses Mannes durchaus erkennen; aber man muß es doch kleinlich finden, wenn Bartels bei Gelegenheit der Besprechung des Christus-Epos „Heliand" schreibt: „Dagegen läßt Scherer an der Dichtung wenig Gutes: sie ist ihm ein bloßes Lehrgedicht . . . „Die Juden werden in das ungünstigste Licht gestellt." Man merkt doch, daß Scherers Litteraturgeschichte ursprünglich für das Publikum der „Neuen freien Presse" geschrieben war." Verständlich ist dieser Satz Bartels doch nur, wenn er so aufgefaßt wird, daß das Publikum der „Neuen freien Presse" als ein jüdisches gedacht wird. Das also sind zuletzt doch die Blüthen des „germanischen" Geistes, daß ein Mann, der durch seinen wissenschaftlichen Ernst und seinen Geist auf eine andere Beurtheilung unbedingt Anspruch hat, verdächtigt wird, für ein gewisses Publikum zu schreiben.

Ebenso kleinlich ist es, wenn Moses Mendelssohn mit den Worten charakterisirt wird: „Mit Moses Mendelssohn, seinem „Phädon", seinen „Morgenstunden", seinem „Jerusalem", beginnt der jüdische Einfluß auf die deutsche Litteratur, sein im Grunde nüchterner Deismus wird das Glaubensbekenntniß weiter Kreise und wird noch von Hettner „beseligende (!) Vernunftreligion" genannt. Es wird nöthig sein, das Kapitel Mendelssohn einmal völlig neu zu schreiben und das spezifisch-jüdische in Moses Wesen und Wirken ans Licht zu stellen — als Mensch dürfte er da, wie ich glaube, nicht allzuviel verlieren." — Man sieht, wie geschraubt Herr Bartels werden muß, damit die edle

308

Menschlichkeit, die auch er bei Moses Mendelssohn nicht zu leugnen wagt, doch eine Darstellung möglich mache, bei welcher — der Jude etwas verliert.

Daß Lessings „Nathan" durch Bartels Standpunkt in ein schiefes Licht gestellt wird, ist wohl selbstverständlich. Er sagt, daß er ein Tendenzgedicht sei mit den „Fehlern des Tendenzgedichtes." Wie wenig da Herr Bartels sich selbst versteht, geht aus den Worten hervor, die er an seine Betrachtungen des „Nathan" knüpft. „Wir zweifeln keinen Augenblick mehr, daß das Christenthum als Religion, nicht blos als Sittenlehre, dem Judenthum und dem Mohamedanismus ganz entschieden überlegen ist, und wir würden in einem objektiven Werke — und das sollen alle dichterischen sein — allerdings mit Recht verlangen, daß der Vertreter des Christenthums neben den beiden anderen Religionen als die geistig höchststehende Persönlichkeit hingestellt würde . . ." Herr Bartels hätte ein *christliches Tendenzgedicht* also lieber als Lessings „Nathan". Das ist sein persönliches Urtheil. Aber er soll das doch gestehen, und nicht damit flunkern, daß jedes Dichterwerk „objektiv" sein soll. Das ist denn doch Engherzigkeit. Und diese Engherzigkeit, dieser beschränkte Gesichtskreis ist ein Hauptmangel von Bartels ganzem Buch. Was soll man dazu sagen, wie dieser Litteratistiker Schiller zu Leibe geht? Herr Bartels hat manches gegen Schiller zu sagen. Er scheint ihm überschätzt. Wir wollen darüber nicht rechten mit Herrn Bartels. Wenn er einfach sagte, Schiller ist „für Volk und Jugend" bis heute „als Erzieher unentbehrlich und in einem gewissen Stadium der Erziehung nach wie vor der fortreißende Dichter und Mensch; die Bühne muß einstweilen faute de mieux an ihm festhalten, die Entwicklung der Litteratur aber ist vollständig über ihn hinaus gelangt . . .", so möchte man zwar viel dagegen einwenden können; aber es ließe sich *ernsthaft* darüber reden. Der Ernst hört aber auf, und die Komik beginnt, wenn Herr Bartels bei Schiller „germanisch" wird: „Er ist der einzig bedeutende Dramatiker seines Stammes, und wenn ich auch an ein Gesetz des Kontrastes glaube, das zum Typus den Gegentypus, also zum lyrischen Gefühlsmenschen den dramatischen Willensmenschen gebieterisch verlangt, so finde ich doch die Dramatik Schillers der schwäbischen Lyrik nicht entsprechend, finde hier in Uebereinstimmung mit zahlreichen anderen Beurtheilern, etwas Undeutsches, ja *Ungermanisches* in ihr. Das hat denn auch die Annahme eines *keltischen* Blutzusatzes in Schiller veranlaßt . . ." Also, weil Schiller den „Germanen" Bartels nicht ganz befriedigt, muß Schiller kein „reiner Germane" sein.

Wer die Dinge nach allen Seiten durchschaut, hat für solche Ausführungen wie die des Herrn Bartels nur ein — Lächeln. Das Gefährliche liegt aber darin, daß viele, die einen — noch engeren Gesichtskreis haben als Bartels sich „germanisch" angeheimelt fühlen müssen von seiner Engherzigkeit. Ich finde in dem Buche allerdings nur antisemitische Mücken. Aber wundern könnte ich mich nicht, wenn diese Mücken bei zahlreichen Lesern sich zu ganz ansehnlichen antisemitischen Elephanten auswüchsen. Und es fehlt mir doch der Glaube, daß eine solche Wirkung Herrn Bartels — *sehr* unangenehm wäre. Sein ganzes Wirken kann mich wenigstens vor diesem Glauben nicht bewahren.

Rudolf Steiner.

Artikel Rudolf Steiners vom 11. September 1901 in den «Mittheilungen aus dem Verein zur Abwehr des Antisemitismus».

insbesondere innerhalb der Schicht der intellektuellen Juden und Künstler, erhebliche Zweifel an der Zukunftstauglichkeit der jüdischen Lebensweise und «Gesetze» entstanden.

Jene turbulente Zeit in der Geschichte des Judentums in Deutschland ist ausführlich dokumentiert und kommentiert worden von Michael A. Meyer, Adolph S. Ochs – Professor für jüdische Geschichte am Hebrew Union College – Jewish Institute of Religion in Cincinnati, der darüber hinaus auch Präsident des renommierten Leo-Baeck-Instituts (internationales Forschungsinstitut für jüdische Kultur und Geschichte) ist. Höchst aufschlussreich ist die von ihm herausgegebene vierbändige Studie, die unter dem Titel *Deutsch-Jüdische Geschichte in der Neuzeit* (C. H. Beck Verlag, München 2000) erschienen ist.

Um die innerhalb jüdischer Kreise rund um die Assimilationsfrage an die Oberfläche getretenen Probleme aufzuarbeiten, wurde (Band 2, S. 137 ff.) in Berlin im Jahre 1819 der «Verein für Cultur und Wissenschaft der Juden» gegründet, dessen Ziel es war «nichts Geringeres als das ‹Judentum› ... zum Bewusstsein zu bringen, die jüdische Welt sich selbst vorstellig zu machen.» Im selben Kontext schildert Meyer dann die große Bedeutung Hegels für diesen Verein, obwohl dessen kritische Position gegenüber dem Judentum kein Geheimnis war: «Ohne in Widerspruch mit Hegel zu geraten, konnten sie nicht den jüdischen Bestandteil der gegenwärtigen geistigen Wirklichkeit herausdestillieren, weil diese ja nach Hegel im Ganzen aufgegangen war. Hegel zufolge hatte das Judentum aufgehört, eine eigene welthistorische Bedeutung zu besitzen [...] Die Vorstellung, dass jüdische Geschichte an ihr Ende gekommen sei, bestimmte auch die anfängliche Arbeit der ‹Wissenschaft des Judentums›, welche das bedeutendste Konzept war, das aus dem Kreis des ‹Vereins› hervorging.» (Band 2, S. 139.)

In seiner einige Jahre zuvor (1994) erschienenen Studie *Von Moses Mendelssohn zu Leopold Zunz. Jüdische Identität in Deutschland 1749–1824* (München 1994, S. 100–101), befasste sich Meyer bereits ausführlich mit den Assimilationsbestrebungen und schreibt: «Die Wortführer jener Juden, die sich nach Möglichkeit assimilieren wollten, wiesen einmütig jeden Versuch zurück, dem jüdischen Volk eine immer gleichbleibende Eigenart zuzuschreiben. Es gab kein jüdisches Wesen, keine der Vernunft unzugängliche Stammesbindung, die die Juden vereinte. Mit Mendelssohn und den christlichen Intellektuellen, die sich seiner Meinung anschlossen, betrachteten sie das Judentum als Gesetz. Wie Bendavid erwarteten sie von ihren jüdischen Glaubensbrüdern, dass sie schließlich das jüdische Gesetz aufgäben und Anhänger der Vernunftreligion in ihrer kantischen Ausprägung würden. *Das Judentum hatte seine Existenzberechtigung verloren, weil es keinen, nur ihm eigenen, zeitüberdauernden Gehalt hatte.*» (Hervorhebung W. K.) Und weiter schreibt er: «Für den gebildeten Juden war der Glaube, in den er hineingeboren war, nur etwas Überholtes, Äußerliches, das ihn auf unerfreuliche und unnötige Weise von der nichtjüdischen Welt trennte.»

Aus all dem ergibt sich als Schlussfolgerung: Man muss die innerjüdische Diskussion rund um die Assimilationsbemühungen und -verwerfungen aus dem 19. Jahrhundert sehr gut kennen, um das, was Rudolf Steiner über das Judentum (und nicht über Juden!) in seinem Homunkulus-Aufsatz im Jahre 1888 geschrieben hat, richtig einordnen und schließlich auch beurteilen zu können.

Dann wird auch sehr bald deutlich, dass der Antisemitismusvorwurf gegenüber Rudolf Steiner jeglicher Grundlage entbehrt. Dies umso mehr, wenn man zur Kenntnis nimmt, dass er schon in den 80iger Jahren und dann Anfang des 20. Jahrhunderts mit seinen Beiträgen in der Zeitschrift des *Verein zur Abwehr des Antisemitismus* immer wieder sehr entschieden dem Antisemitismus entgegengetreten war, was man in seinen Briefen (Bd. I, GA 38) sowie in *Gesammelte Aufsätze zur Kultur- und Zeitgeschichte 1887 – 1901* (GA 31) nachlesen kann. All dies ist bisher sämtlichen Kritikern entgangen – weil eben nicht sein kann, was nicht sein darf. Nachfolgend ein Beispiel aus dem Jahre 1900, dem ich ohne Mühe viele weitere hinzufügen könnte:

«Ich habe im Antisemitismus nie etwas anderes sehen können als eine Anschauung, die bei ihren Trägern auf

Inferiorität [Minderwertigkeit] des Geistes, auf mangelndes ethisches Urteilsvermögen und auf Abgeschmacktheit deutet. Der Kulturhistoriker der letzten Jahrzehnte des 19. Jahrhunderts – ob auch der des zwanzigsten? – wird zu untersuchen haben, wie es möglich war, dass im Zeitalter des naturwissenschaftlichen Denkens eine Strömung entstehen konnte, die jeder gesunden Vorstellungsart ins Gesicht schlägt. Wir, die wir mitten in den Kämpfen gelebt haben: wir können nur mit Schaudern Revue halten über eine Anzahl von Erfahrungen, die uns der Antisemitismus bereitet hat.»[7]

Schaut man einmal genau hin, dann wird man weder bei Steiner, noch irgendwo auf dem von Anthroposophen beackerten Feld auch nur den leisesten Hauch einer agitatorischen Haltung im Sinne der gegen sie gerichteten Verleumdungen finden – weder in geschriebener Form, noch im Tun. Rudolf-Steiner-Schulen gibt es in allen Erdteilen und sie werden besucht von Schwarzen und Weißen, von Roten und Gelben, von Palästinensern und Israelis. Seit mehr als 50 Jahren stehen die Waldorfschulen in Deutschland als «anerkannte Ersatzschulen besonderer pädagogischer Prägung» unter staatlicher Aufsicht. Nicht ein einziges Mal ist in all diesen Jahren eine Beanstandung seitens der staatlichen Kontrollbehörden namhaft geworden, die all jene, heute von der oben erwähnten neuen Spezies von Kritikern vorgebrachten Anschuldigungen bestätigen würden.

«Die Menschen sind aufeinander angewiesen»

Wie viele Anthropologen und Ethnologen vor und nach ihm hat auch Steiner versucht, die Rassenunterschiede zu begreifen, und eine Erkenntnis über Rassenunterschiede muss nicht geradewegs in eine Diskriminierung einmünden. Jener am häufigsten ins Gerede gekommene Vortrag Steiners vom 3. März 1923 kulminiert, nach einer Charakterisierung der verschiedenen Rassen im Hinblick auf ihre physische, seelische und geistige Entwicklungsdynamik, eben nicht in der Aufforderung, hieraus ein Gefühl der Überlegenheit zu entwickeln und danach zu handeln, sondern in der schlichten Feststellung:

Nelson Mandela während eines Besuches des Waldorfkindergartens in Philippi.

Kinder der Inkanyesi Waldorfschule.

Wolakota-Waldorfkindergarten.

«Es ist einmal so beim Menschengeschlecht, dass die Menschen über die Erde hin eigentlich alle aufeinander angewiesen sind. Sie müssen einander helfen. Das ergibt sich schon aus ihrer Naturanlage.»[8]

Diese Gedanken sind es, die die Substanz der Anthroposophen ausmachen. Da haben die verschiedenen Spielarten von Größenwahn, Überheblichkeit oder Diskriminierung keinen Platz. So hat sich beispielsweise die Waldorfschule in Capetown (Südafrika) noch vor dem Ende des Apartheidsregimes das Recht erkämpft, schwarze und weiße Kinder in gemischten Klassen zu unterrichten. Dort hat sich dann auch einmal folgendes zugetragen: Während eines Schulausfluges mit der Eisenbahn wurde für die «gemischte Klasse» ein Sonderwagen zwischen die Wagen für die schwarzen und weißen Fahrgäste gehängt und während der Hinfahrt vorne und hinten abgeschlossen. Bei der Rückfahrt hatte man jedoch das Abschließen vergessen, was dazu führte, dass sich einige Fahrgäste auf der Suche nach dem ihrer Hautfarbe gemäßen Wagen in den «Waldorfwagen» verirrten. Die Kinder reagierten auf das hierdurch entstandene Durcheinander auf ihre Weise und lehnten sich in jedem Bahnhof in gemischter Folge aus den Fenstern.

Wie absurd der Vorwurf des Rassismus bei Steiner ist, lässt sich anhand einer Fülle von Äußerungen unschwer nachweisen. So heißt es im Vortrag vom 4. Dezember 1909:

«[…] innerhalb der Entwicklung der Menschheit verliert immer mehr und mehr der Begriff, worin sich die Gruppenseelenhaftigkeit am meisten ausdrückt, an Bedeutung, nämlich der Rassenbegriff. […] Was wir heute Rassen nennen, das sind nur noch Überbleibsel jener bedeutsamen Unterschiede der Menschen, wie sie in der alten Atlantis üblich waren. So recht anwendbar ist der Rassenbegriff nur auf die alte Atlantis.»[9]

Dass Steiner, wenn er verschiedentlich in Vorträgen an alte Begrifflichkeiten anknüpfend von «Rasse» spricht, nicht die physischen Merkmale einer Menschengruppe meint, sondern kulturelle Differenzierungen im Auge hat, wird deutlich anhand folgender Äußerungen aus dem gleichen Vortrag:

«Daher haben wir, da wir rechnen mit einer wirklichen Entwickelung der Menschheit, für die nachatlantische Zeit [damit ist auch die heutige Zeit gemeint, Anm. W. K.] gar nicht den Begriff der Rasse im eminentesten Sinne gebraucht. Wir sprechen nicht von einer indischen Rasse, persischen Rasse und so weiter, weil das nicht mehr richtig ist. Wir sprechen von einem altindischen Kulturzeitraum, von einem altpersischen Kulturzeitraum und so weiter. Und vollends würde es jeden Sinn verlieren, wenn wir davon sprechen wollen, dass sich in unserer Zeit vorbereitete eine sechste Rasse.»

Bisweilen hat man Steiner vorgeworfen, dass seine «Rassenlehre» auf den Darstellungen von Blavatsky und anderer namhafter Theosophen basiere. Dass er sich aber von zahlreichen theosophischen Grundanschauungen sehr deutlich absetzte, sagt uns folgender Passus aus seinem 1908 erschienenen Buch *Aus der Akasha-Chronik* (S. 209):

«Die Menschheit wird in Zukunft in Teile gegliedert sein, die man nicht mehr wird als ‹Rasse› bezeichnen können. Es ist durch die gebräuchliche theosophische Literatur in dieser Beziehung viel Verwirrung angerichtet worden. Namentlich ist dies geschehen durch das Buch, welches auf der anderen Seite das große Verdienst hat, zuerst in der neueren Zeit die theosophische Weltanschauung populär gemacht zu haben, durch Sinnets *Esoterischen Buddhismus*. Da wird die Weltenentwickelung so dargestellt, als ob ewig in gleicher Art durch die Weltenkreisläufe hindurch die ‹Rassen› sich so wiederholten. Das ist aber ganz und gar nicht der Fall. Auch das, was ‹Rasse› genannt zu werden verdient, entsteht und vergeht. Und man dürfte den Ausdruck ‹Rasse› nur für eine gewisse Strecke der Menschheitsentwickelung anwenden. Vor und nach dieser Strecke liegen Entwickelungsformen, die eben ganz etwas anderes sind als ‹Rasse›.»

Abschließend zum Rassenbegriff, der für Steiner eindeutig zeitgebunden und nicht auf die Gegenwart und Zukunft übertragbar ist, sei noch eine Stelle aus seinem Vortrag vom 2.12.1911 zitiert:

«Aber jetzt schon hört der Rassenbegriff auf, in bezug auf die Entwickelung der Menschheit einen rechten Sinn zu haben. Nicht wird es so sein, wie es zum Beispiel in früheren Zeiten war, dass für das, was als sechster Kulturzeitraum auf den unsrigen folgt, von irgendeinem räumlichen Zentrum aus die Verbreitung dieser Kultur im wesentlichen geschieht [...]. Aus allen Rassen heraus werden diejenigen [...] für die sechste Kulturepoche kommen und über die Erde hin eine neue Kulturepoche begründen, welche nicht mehr auf einen Rassenbegriff gegründet ist, gegenüber welchen der Rassenbegriff nicht mehr seine Bedeutung hat. Kurz, das, was in der Welt der Maja, der äußeren Räumlichkeit, eine Bedeutung hat, schwindet dahin. Das müssen wir allmählich verstehen lernen, indem wir uns weiter entwickeln mit der geisteswissenschaftlichen Bewegung. Das wurde im Anfang noch nicht verstanden. Deshalb sehen wir, wie das sonst so verdienstvolle Buch *Der buddhistische Katechismus* von Olcott, wenn wir es durchlesen, etwas hervorruft, als wenn sich Rassen immer gleichartig abwickeln wie Räder. Aber diese Begriffe verlieren ihre Bedeutung für die nächste Zeit, und wir müssen uns klar sein, dass diese Anfangsstadien der theosophischen Bewegung überholt sind und dass wir für die sechste Kulturepoche dem Rassenbegriff keinen rechten Sinn mehr beilegen können.»[10]

Spätestens hier dürfte deutlich werden, dass Steiner nicht nur nicht dem Rassenbegriff einfach ausgewichen ist, sondern dessen Anachronismus erkannt und ihm seinen Platz in der Geschichte, die die Geschichte des längst Vergangenen ist, zugewiesen hat.

Rudolf Steiner, 1905 Foto: Rietmann

Die Leidensgeschichte eins Zitates oder: Wie ein Urteil entsteht

Wie – nicht erst heute – die Urteilsbildung über Steiner und die Anthroposophen so vonstatten geht, sei an folgendem Beispiel verdeutlicht, das ich Uwe Werner, dem Autor einer im Oldenbourg-Verlag erschienenen Studie über *Anthroposophen in der Zeit des Nationalsozialismus*, verdanke. Im Auftrag des Amtes Rosenberg «für die Überwachung der gesamten geistigen und weltanschaulichen Schulung und Erziehung der NSDAP» legte einer der führenden nationalsozialistischen Pädagogen, Alfred Baeumler, ein Gutachten vor, in dem es u. a. heißt:

«In der Menschenkunde, die der Methode der Waldorfschulen zugrunde liegt, sind tiefe und richtige Einsichten enthalten, die Rudolf Steiner zum größten Teile seinem äußerst fruchtbaren Studium der naturwissenschaftlichen Schriften Goethes verdankt. Die nationalsozialistische Menschenkunde kann nur von der Rasse her entworfen werden. Insofern Rasse eine Naturwirklichkeit ist, scheint schon im Ansatzpunkt eine wesentliche Übereinstimmung zwischen der Menschenkunde des Nationalsozialismus und der Rudolf Steiners vorzuliegen. Denn Steiner geht ja von den bildenden Kräften der wirkenden Natur aus und gründet die Schulerziehung auf die Entwicklung der natürlichen Kräfte. Insofern könnte man seine Pädagogik ‹biologisch› fundiert nennen. Würde man jedoch versuchen, den Begriff der Rasse in unserem Sinne [also dem der Nationalsozialisten, Anm. W. K.] in diese biologische Fundierung einzuführen, dann würde er die Menschenkunde Steiners zersprengen. Denn der Nationalsozialismus geht zwar von der Wirklichkeit des Blutes aus, aber zugleich auch von den Unterschieden, die zwischen Menschengruppen verschiedenen Blutes bestehen. Diese Unterschiede erfassen wir nicht nur biologisch-anthropologisch, sondern vor allem auch geschichtlich, indem wir uns dem zuwenden, was Menschen verschiedenen Blutursprungs geschaffen und gestaltet haben: den Staaten, Kunstwerken, Erfindungen, wissenschaftlichen Systemen usw. Zu diesem von der Erkenntnis der rassischen

Wirklichkeit geleiteten geschichtlichen Denken gibt es von der Menschenkunde Steiners her keinen Zugang. Der Platz, den in unserem Weltbilde der von rassischen Kräften bestimmte geschichtlich gestaltende Mensch einnimmt, ist in der Weltanschauung Rudolf Steiners besetzt durch den über aller Geschichte thronenden Geistmenschen. Das Denken Rudolf Steiners ist nicht biologisch-rassisch, sondern biologisch-kosmisch.»[11]

Diese Passage aus dem Baeumler-Gutachten ist eindeutig und kann doch vollständig missbraucht werden, wenn man, wie die Brüder Guido und Michael Grandt in ihrem *Schwarzbuch Anthroposophie* (Wien 1997, S. 191) das Zitieren nach dem 3. Satz beendet. Dies hat eine völlig gegenteilige Aussage dessen, wozu Baeumler schließlich kommt, zur Folge. Nun gibt es eben zahlreiche Kritiker und so manche Wissenschaftler, die stützen ihr Urteil nicht auf ein eingehendes Studium der Originalquellen, sondern auf die Sekundärliteratur. Und wenn man dann noch aus dem dritten Satz von Baeumler, das Wörtchen «scheint» geschickt umgeht bzw. mit Hilfe des Wortes «betont» umdeutet, dann kommt, wie bei Peter Bierl, das Folgende heraus:

«Der Nazipädagoge lobte die ‹Menschenkunde›, die dem Waldorfsystem zugrundeliege, und betonte den Rassismus als ‹wesentliche Übereinstimmung zwischen der Menschenkunde des Nationalsozialismus und der Rudolf Steiners›.»[12]

Noch deutlicher kann man eine Aussage wohl nicht mehr

verzerren. Aber doch! Ein totales Durcheinander fabrizierte Mark Terkessidis im Berliner *Tagesspiegel*, dem die politische Funktion eines hochrangigen NS-Mannes wie auch die Daten völlig aus der Bahn gerieten, ganz abgesehen von seiner Botschaft:

«In der Auflösung der Anthroposophischen Gesellschaft durch den Gestapo-Chef Heydrich 1935 sieht Bierl das Ausschalten einer konkurrierenden Fraktion. Zudem war das Verbot, wie er nachweisen kann, innerhalb der Partei umstritten. Noch 1942 versuchte der Pädagoge Alfred Bäumler die Auflösung rückgängig zu machen – vor allem mit dem Argument, gerade in der ‹Rassenlehre› bestehe eine ‹wesentliche Übereinstimmung zwischen der Menschenkunde des Nationalsozialismus und der Rudolf Steiners›.»

Die Jahreszahl «1942» hat der Autor übernommen aus dem *Schwarzbuch Anthroposophie* der Brüder Grandt, die zwar im laufenden Text das Baeumler-Gutachten in den «30er Jahren» ansiedeln, jedoch in der Bibliographie schreiben: «Baeumler, A.: Gutachten über die Waldorfschulen, Berlin 1942.» Eine solche Veröffentlichung gibt es jedoch nicht. Zudem: Die bibliographische Angabe macht eine Überprüfbarkeit des Zitates unmöglich. Eine korrekte Quellenangabe wäre aber schon für die Brüder Grandt möglich gewesen, da das Gutachten von A. Baeumler im Jahre 1983 von Achim Leschinsky in der Zeitschrift *Neue Sammlung* (s. Anm. 11) veröffentlicht worden war.

Vom Kopieren und Schweigen

All die Schäden, die jene von viel Getöse begleiteten Bohrungen an immer derselben Stelle hinterlassen, sind nicht gering, denn die Anthroposophen arbeiten ohne Netz und doppelten Boden. Keine oder nur geringe staatliche Subventionen, keine Lobby, nur auf sich selbst gestellt – Selbstverwaltung pur, da kann man ganz schnell auch abstürzen. Einer der einstmals ausgezogen war, um diese spezielle Form der Selbstausbeutung zu praktizieren, hat seine Erfahrungen mit den Anthroposophen im Kultbuch der linken Szene, im *Kursbuch* Nr. 55, ganz lapidar so zusammengefasst:

«Als linke Hasen rennen wir uns nach den sozialistischen Träumen die Hacken ab, und wenn wir wo hinkommen, steht da oft ein anthroposophischer Igel und sagt: ‹Ätsch, ich bin schon da: hier ist ein klassenloses Krankenhaus, dort eine Genossenschaftsbank, da sind selbstverwaltete Schulen, Verlage, alternative Heil- und Therapieeinrichtungen, biodynamische Landwirtschaftsbetriebe und anderes.› Wo die heutige Linke mit lautem Getöse relativ wenig erreicht, schaffen Anthroposophen im Stillen viel.»[13]

Heute kopieren die Staatsschulen nach Herzenslust all das, was ihnen gerade passt, aus dem Kodex der Waldorfschulen heraus. Hier ist es die Abschaffung der Notenzeugnisse in der Grundschule, dort die Einführung des Fremdsprachen-Frühunterrichtes und andernorts die Gesamtschul-Idee. Als «vorweggenommene Bildungsreform» hat Prof. H. Becker vom Max-Planck-Institut für Bildungsforschung Ende der sechziger Jahre das Konzept der Waldorfschulen gewürdigt. Aber auch das ist für die Kritiker heute ohne Belang. Sie wissen es einfach nicht. Und die von der Chemie frustrierten Landwirte und viele andere Zeitgenossen, für welche Fakultät auch immer sie arbeiten, sie haben sich schon längst das Ideengut der Anthroposophen, das vor dreißig Jahren nur mitleidig belächelt wurde, stillschweigend auf ihre Fahnen geschrieben: Bio-Anbau, «sanfte Geburt», Naturkosmetik, Neutralisierung des Kapitals oder die Trennung von Arbeit und Einkommen. Man weiß um das Innovationspotential der Anthroposophen und man bedient sich und: man schweigt oder man greift – wie im Fall Peter Stein – zum Mittel der Ausgrenzung, indem man den Anthroposophen Professionalität abspricht, denn nur er konnte es sein, der die erste ungekürzte Faust-Aufführung auf die Bühne – im Rahmen der EXPO 2000 in Hannover – bringt. In Dornach jedoch haben seit 1938 schon viele Tausende den ungekürzten *Faust* gesehen.

Seiten 61–73: Stimmen über Rudolf Steiner

«Zu der Zeit, von welcher ich spreche (1907), konnte man die Hoffnung hegen, dass die Harmonie innerhalb der Theosophischen Gesellschaft sich aufrechterhalten würde. Denn durch ihre Grundsätze allein anerkannte sie die notwendige Mannigfaltigkeit der Religionen und Philosophien.»[14]

Edouard Schuré (1841–1929), franz. Dramatiker und Autor des Buches «Die großen Eingeweihten».

«Rudolf Steiner will seine Weltanschauung allen teilhaftig machen. Er nimmt ein Schöpferisches in jedem Menschen an. Man kann seine Erkenntnis nur dann ganz eigentlich verstehen, wenn man sie – anwendet, das heißt, wenn man sein Inneres entwickeln will. Dies ist jedermann gegeben, dem einfachsten und dem kompliziertesten Menschen. Jedoch es ist zugleich auch jedem nicht gegeben. Der Entschluss entscheidet. Die innere Tat ist nötig. Man muss ein geistiger Wikinger sein.»[15]

«Das Wort Rudolf Steiners erweckte in den Menschen, die es mit aufrichtigem Interesse in sich aufnahmen, den Drang, es auch ins Leben umzusetzen. Man erfuhr unmittelbar an sich selber, was er einmal so ausdrückte: ‹Man kann nicht wirklich fruchtbar nach dem Geiste streben, wenn man nicht in innerer Wahrhaftigkeit strebt!›.»[16]

Albert Steffen (1884–1963), schweiz. Schriftsteller

«In dem ‹Seelenlehrer› Rudolf Steiner trat ein Pädagoge vor uns hin, der seine Schüler unmerklich zur Freiheit und Vorurteilslosigkeit beflügelte; hier traf sich der Pädagoge mit dem Denker; der Autor der Philosophie der Freiheit bewies seinen Schülern in den Jahren des Umgangs mit diesen Schülern, dass der Prozess des Sich-Einlebens in eine Philosophie der Freiheit nicht mehr nur Philosophie, sondern unser Weg zur Freiheit selbst ist; mehr noch: in unserer Zeit ist der Einweihungsweg ein Einweihungsweg zur Freiheit.»[17]

«Das äußere Leben Steiners ist ein Beispiel: ein aufrüttelndes Beispiel; die Erschütterung lebte sich in den zwei Extremen aus: Begeisterung und Hass; in unseren gemäßigten Gefühlen schlafen wir; er weckte uns.»[18]

Andrej Belyj, alias Boris Bugaieff (1880–1934),
Schriftsteller und Mitbegründer des russ. Symbolismus

«Die eigentliche, im höchsten Menschensinne schöpferische Tätigkeit Rudolf Steiners wird erst der Historiker erfüllen, der die Geschichte dieses erhabenen Lebens zu schreiben berufen sein wird. Dann wird mit tiefem Erstaunen wahrgenommen werden, was da in der Stille für den Menschen als solchen überhaupt geschieht und geschehen ist, und welchen unersetzlichen Rückhalt und Stützpunkt ihm die Lebensarbeit dieses Geistes gegeben hat, während das Jahrhundert noch immer weiter in die furchtbare Wüste des Materialismus hineineilt.»[19]

«Ich werde hin- und hergeworfen. Das Äußerliche der Bewegung macht mir arg zu schaffen. Überall halt, wo Menschen sich zusammenscharen, fängt auch Narretei an zu blühen, wie ein Unkraut, auch in dem schönsten Garten. Man muss sich nur sagen, dass Narretei innerhalb der Theosophie immer noch zehnmal besser ist als außerhalb ihrer.»[20]

Christian Morgenstern (1871–1914), Dichter

«Ich verdanke diesem hervorragenden Geiste und seinem unglaublich ausgebreiteten Wissen eine Fülle von Gedanken und Anregungen auf philosophischem Gebiet.»

«Man mag über die Anthroposophie denken, wie man will, und viele Einwände gegen sie erheben – ein Verdienst muss man Steiner zuerkennen: er hat hunderten von Menschen aus hoffnungsloser Dürre zu einem Leben voll vertieften geistigen Inhalts verholfen – er hat ihnen durch die Geisteswissenschaft ihre Seele neu geschenkt. Und das ist wahrhaftig eine große Tat.»[21]

Gabriele Reuter (1859–1941), Schriftstellerin

«Für die wertvolle Unterstützung, welche Sie der Wahrheit und Aufklärung durch Ihr Magazin für Litteratur leihen, und besonders durch Ihr mannhaftes Eintreten für den Monismus sage ich Ihnen meinen besonderen Dank.»[22]

Ernst Haeckel (1834–1919), Zoologe und Philosoph, an Rudolf Steiner

«Keiner hatte es von dem anderen erwartet. Eine lebhafte Aussprache kam alsbald in Gang. Einer von dem anderen erfuhren wir, dass wir uns als Lebensaufgabe dasselbe vornahmen, sich um das Aufkommen der wahren, vom Humanitätsideal beherrschten Kultur zu bemühen und die Menschen dazu anzuhalten, wahrhaft denkende Wesen zu werden.
In diesem Bewusstsein der Zusammengehörigkeit verabschiedeten wir uns. Ein Wiedersehen war uns nicht beschieden. Aber das Bewusstsein der Zusammengehörigkeit blieb. Ein jeder verfolgte das Wirken des anderen. Rudolf Steiners hohen Gedankenflug der Geisteswissenschaft mitzumachen war mir nicht verliehen. Ich weiß aber, dass er in diesem so manchen Menschen emporriss und neue Menschen aus ihnen machte.»[23]

5. November 1960

Albert Schweitzer (1875–1965),
evangelischer Theologe, Arzt und Musiker

www.heile-Welt.de

Und dann gibt es da noch die Phrase von der Weltfremdheit der Steiner-Schulen und ihrer heilen Welt, die sich mit fast der gleichen Beharrlichkeit hält wie im Spätherbst der Nebel im Schweizer Mittelland.

Wie, so frage ich mich da, hat man sich dies vorzustellen – allein schon angesichts der Zeitlage, in die hinein die erste Waldorfschule für die Kinder der Arbeiter in der Waldorf-Astoria-Zigarettenfabrik (1919) gegründet wurde? Der Kanonendonner des Ersten Weltkrieges war kaum verstummt, da standen Massenarbeitslosigkeit, Armut und die Inflation schon drohend vor der Tür. Von alldem waren auch die Lehrer, Eltern und Schüler gezeichnet. Fünfzig Kinder pro Klasse, das ist für keinen Lehrer ein Spaziergang! Und auch, wenn man von all dem auch so gar nichts weiß oder es an konkreter Vorstellung mangeln lässt, Hand aufs Herz: Wer von uns geplagten Eltern will denn nicht, dass seine Kinder in einer «beschützten Umgebung» aufwachsen – ohne Stress und möglichst nah an der Natur, gleichsam Reihenhausidylle im Schulzimmer?

Und noch ein Wort zur Phrase von den weltfremden Anthroposophen: Wer hat das Problem einer drohenden Umweltzerstörung nicht nur erkannt, sondern mit dem biologisch-dynamischen Landbau ein deutliches Zeichen dagegen gesetzt – und dies schon seit 1924? Inzwischen finden sich die «Demeter»-Produkte des biologisch-dynamischen Landbaus im festen Angebot des schweizerischen Großverteilers Coop – ohne viel Lärm, einfach so. Es geht hier nicht um Weltanschauungen, sondern um Qualität. Und wer hat in Deutschland das erste «klassenlose» Krankenhaus, die erste Privatuniversität und die ersten Alternativ-Banken begründet?

Wer setzte sich ein für die Integration allgemeiner und beruflicher Bildung? Die entsprechenden Waldorfschul-Modelle haben von der OECD hervorragende Noten bekommen, von denen das Staatsschulwesen in Deutschland und anderswo nur träumen kann. Und zählen nicht die größten Architekten unseres Jahrhunderts zu den uneingeschränkten

WALDORF-ASTORIA A.-G.

FEST-AKT

ZUR ERÖFFNUNG DER
WALDORF-SCHULE

AM SONNTAG, DEN 7. SEPT. 1919
½ 11 UHR VORMITTAGS
IM GROSSEN SAALE DES
STADTGARTENS

PROGRAMM

Programm des Festaktes zur Eröffnung der ersten Schule in Stuttgart 1919.

Das Schulgebäude am Kanonenweg (heute: Haussmannstraße) in Stuttgart.

Rudolf Steiner, Das erste Goetheanum

Rudolf Steiner, Das zweite Goetheanum

Rudolf Steiner, Haus Duldeck

Le Corbusier (Charles-Édouard Jeanneret, 1887–1965):
Wallfahrtskapelle «Notre-Dame-du-Haute», Ronchamps 1950–54

Bewunderern Steinerscher Bauten? Nicht nur Le Corbusier hat sich in Dornach inspirieren lassen. – Nein, es geht mir gar nicht um die spektakulären Dinge, es sind die vielen, unzähligen kleinen Dinge, mit denen die Anthroposophen hantieren. Und manchmal – wenn man ganz genau hinsieht – erscheinen sie ganz groß und lassen so manchen Lebenspraktiker in Wirtschaft, Politik und sonst wo recht blass aussehen. Steiner und die Anthroposophen haben so manches auf den Kopf und noch viel mehr auf die Beine gestellt, mit allen Haken und Ösen, die solche Experimente in sich haben, sei es bei der Begründung eines Kindergartens im Gaza-Streifen, der Einrichtung eines flächendeckenden sozialpädagogischen Dienstes in den Elendsvierteln von São Paulo, bei der Errichtung von Geburtsstätten, in denen das Geborenwerden ein Normalfall bleiben darf, oder bei der Gründung einer Waldorfschule in einem Indianer-Reservat, in einem der unendlich trostlosen Vororte von Kiew oder im Emmental.

Und selbst, wenn all dies gar nicht existierte, so ist es vielleicht doch auch schon viel, dass Anthroposophen irgendwie ständig wie getrieben erscheinen von etwas, was nicht gerade inflationär in unserer postmodernen Betriebsamkeit vorkommt: Von der unermüdlichen Suche nach dem, was unser Denken und Handeln, was die Natur beseelt und was all unserem Drumherum und Mittendurch Sinn und Richtung gibt. Das ist nicht immer «in», ist auch nicht immer beliebt und macht sie oft zu Unbequemen unserer Zeit. Dass man da auch ganz schnell ins Kreuzfeuer verschiedenster Interessensgruppen geraten kann, denen die Beibehaltung des Status quo und, noch schlimmer, die Unterwanderung der Mündigkeit wichtiger ist, sollte in der Tat nachdenklich stimmen.

Zweifellos, den Typus jener wundersamen, manchmal auch etwas übereifrigen anthroposophischen «Tanten», der sogar verschiedentlich Einzug in die Literatur gehalten und seinerzeit schon Steiner manches Kopfzerbrechen bereitet hat, den gibt es tatsächlich. Doch vielleicht haben sie allemal noch mehr zu sagen als all die bürgerlich abgefederten, so richtig «normalen» Verwandten, bei denen sich der Small Talk ewig und einzig um die vier Ks dreht: Kinder, Küche, Kleider, Krankheiten.

Seiten 82–91: Stimmen über Rudolf Steiner

«Theosophie (im wahren Sinne des Wortes, nicht wie üblich verstanden) ist eine Manifestation derselben geistigen Begegnung […], wie sie auch in der Malerei sichtbar wird.»[24]

Piet Mondrian (1872–1944), niederl. Maler

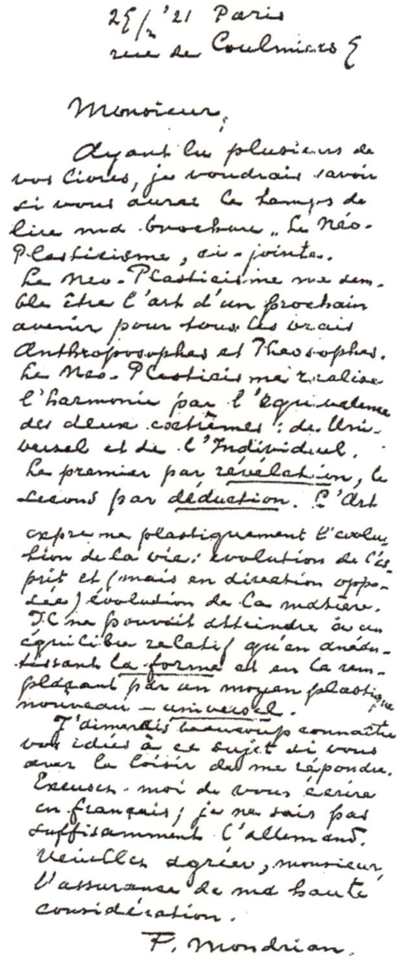
25/2 '21 Paris
rue de Coulmiers 5

Monsieur,

Ayant lu plusieurs de vos livres, je voudrais savoir si vous aurez le temps de lire ma brochure „Le Néo-Plasticisme", ci-jointe.
Le Neo-Plasticisme me semble être l'art d'un prochain avenir pour tous les vrais Anthroposophes et Théosophes.
Le Néo-Plasticisme réalise l'harmonie par l'équivalence des deux extrêmes: de l'Universel et de l'Individuel. Le premier par révélation, le second par déduction. L'Art exprime plastiquement l'évolution de la vie: évolution de l'esprit et (mais en direction opposée) évolution de la matière. Il ne pouvait atteindre ou un équilibre relatif qu'en anéantissant la forme et en la remplaçant par un moyen plastique nouveau – universel.

J'aimerais beaucoup connaître vos idées à ce sujet si vous avez le loisir de me répondre.
Excusez-moi de vous écrire en français; je ne sais pas suffisamment l'allemand.
Veuillez agréer, monsieur, l'assurance de ma haute considération.

P. Mondrian.

Brief des Malers Piet Mondrian an Rudolf Steiner

25.2.21 Paris
rue de Coulmiers 5

Sehr geehrter Herr,
ich habe verschiedene Ihrer Bücher gelesen und würde gerne wissen, ob Sie Zeit haben, meine Broschüre «Le Neo-Plasticisme», die ich hier beilege, zu lesen.
Der Neo-Plastizismus scheint mir die Kunst der nahen Zukunft für alle wahren Anthroposophen und Theosophen zu sein. Der Neo-Plastizismus verwirklicht die Harmonie durch das Gleichgewicht zwischen den beiden Extremen: dem Universellen und dem Individuellen. Dem ersten durch Offenbarung, dem zweiten durch Deduktion. Die Kunst drückt plastisch die Entwicklung des Lebens aus: Entwicklung des Geistes und (aber in entgegengesetzter Richtung) Entwicklung der Materie. Sie konnte zu diesem relativen Gleichgewicht nur gelangen durch die Vernichtung der Form und ihrer Ersetzung durch ein neues plastisches Mittel – universell.
Ich würde gerne Ihre Ideen über diesen Gegenstand kennenlernen, wenn Sie Zeit haben, mir zu antworten. Entschuldigen Sie, dass ich auf Französisch schreibe; ich kann nicht gut genug Deutsch.
Empfangen Sie, sehr geehrter Herr, die Versicherung meiner großen Hochachtung.
P. Mondrian

(aus dem Französischen von Robert Friedenthal)

«Und jedenfalls, wenn auch die Neugier der Theosophen zur Schaffung einer Theorie und die etwas voreilige Freude, bald Antwort auf die Stelle des ewigen immensen Fragezeichens stellen zu können, leicht den Beobachter etwas skeptisch stimmen kann, so bleibt doch die große, doch geistige Bewegung da, welche in der geistigen Atmosphäre ein starkes Agens ist und auch in dieser Form als Erlösungsklang zu manchem verzweifelten in Finsternis und Nacht gehüllten Herzen gelangen wird, doch erscheint damit eine Hand, die zeigt und Hilfe bietet.»[25]

Wassily Kandinsky (1866–1944), russ. Maler

«Der Mensch muss wieder nach unten mit den Tieren, den Pflanzen, der Natur und nach oben mit den Engeln und Geistern in Beziehung treten.»[26]

«Zunächst konnte ich mich nicht dafür begeistern. Erst nach dem Kriege, 1945 und 1946 nahm ich mir wieder die Schriften Steiners vor und gewann dabei einen sehr, sehr starken Eindruck, vor allem von Steiners fundierter Kenntnis naturwissenschaftlicher Probleme. Immer von neuem stellte ich Steiner zur Diskussion und versuchte [...] klar zu machen beziehungsweise nachzuweisen, dass in Steiners Vorstellungen ein Ansatz vorliegt, der sich direkt und praktisch auf die Wirklichkeit bezieht, und dass demgegenüber alle Formen wissenschaftstheoretischer Erörterung ohne unmittelbaren Bezug zu den Kräften in der Zeit bleiben.»[27]

Joseph Beuys (1921–1986), Aktionskünstler

«Ich bin noch immer an der Theosophie interessiert und lese gerade ein Buch ... Alles, was es zu sagen hat, steht dem Wesen des modernen Lebens entgegen, doch wenn man es versteht und danach lebt, kann es wohl ein sehr nützlicher Wegweiser sein.»[28]

Jackson Pollock (1912–1956), amerik. Maler

Quer zu den Denkgewohnheiten

Wenn einem Kritiker so gar nichts Garstiges einfallen will, dann bezichtigt er die Anthroposophen der blinden Steiner-Verehrung. Da stößt es dann schon an, wenn in einer Waldorfschule ein Steiner-Porträt hängt oder im Vortrag eines Anthroposophen 3 x Steiner zitiert wird. Was andernorts, sei es in der Schopenhauer-, Goethe- und Puschkin-Gesellschaft, im Verteidigungsministerium, beim Deutschen Ärztebund oder in jedem Bundesliga-Fußballclub der Normalfall ist, wird bei den Anthroposophen als Zeichen der totalen Unterwürfigkeit und Abhängigkeit gedeutet, als würden Menschen ihren kritischen Verstand dadurch verlieren, weil sie irgendwann einmal in die Anthroposophische Gesellschaft eingetreten sind. Und außerdem: Angesichts dessen, was so alles in unserer Zeit heute abläuft: Noch ein paar Steiner-Verehrer mehr würden unserem Zeitgeist vielleicht ganz gut tun. Welche Wirkung Steiners Gedanken auch haben können, hat die Dichterin Gabriele Reuter 1921 (*Vom Kinde zum Menschen*), die in Weimar häufig mit Steiner über Gott und die Welt diskutiert hat, so erlebt:

«Man mag über die Anthroposophie denken wie man will, [...] ein Verdienst muss man Steiner zuerkennen: er hat hunderten von Menschen aus hoffnungsloser Dürre zu einem Leben voll vertieften geistigen Inhalts verholfen – er hat ihnen durch die Geisteswissenschaft ihre Seele neu geschenkt.»

Und Michael Ende, im *Spiegel-Spezial* (3/1990) nach seiner Lieblingslektüre befragt, antwortete:

«Mir scheint, dass Steiners Ideen und Anregungen – gerade weil sie quer zu den gegenwärtigen Denkgewohnheiten liegen – viel zur Lösung der Kultur- und Menschheitsfragen beitragen könnten, die immer bedrohlicher auf uns zukommen.»

Dass Steiner selbst nicht über jeden Zweifel erhaben war, hat er selbst nicht nur einmal geäußert, so z. B. 1908:

«Um einem möglichen Irrtum vorzubeugen, sei hier gleich gesagt, dass auch der geistigen Anschauung keine Unfehlbarkeit innewohnt. Auch diese Anschauung kann sich täuschen, kann ungenau, schief, verkehrt sehen. Vom Irrtum frei ist auch auf diesem Felde kein Mensch; und stünde er noch so hoch.»[29]

Und ganz ähnlich am 17. Juni 1920 vor Studenten der Technischen Hochschule in Stuttgart:

«Ich gebe gerne zu: Geisteswissenschaft kann in manchen Einzelfragen irren.»[30]

Kurzum: Es gäbe die gesamte anthroposophische Bewegung schlichtweg nicht, wenn ihre Grundanschauung genährt werden würde von Rassismus, Antisemitismus oder Faschismus. Denn – man mag dazu stehen wie man will – die Anthroposophen gehören zur Sorte jener Idealisten, für die das Allgemein-Menschliche und die Überwindung jedweder Form des Nationalismus zu den höchsten Maximen gehört, für deren Realisierung de facto unendliche Opfer gebracht werden. Ihr Tätigkeitsfeld ist die Weite und bisweilen auch die Öde, die unsere Zivilisation als Mahnspuren hinterlässt, die zu beackern kein Kinderspiel ist. In keiner der inzwischen viele Tausende zählenden Publikationen von anthroposophisch orientierten Lehrern, Ärzten, Bänkern, Naturwissenschaftlern und einfach nur so Schreibenden wird man die Aufforderung zu antisemitischen, rassistischen Einstellungen oder gar Handlungen finden. Dass sich einige anthroposophische Autoren der zwanziger und dreißiger Jahre nicht ganz dem damaligen Zeitgeist entziehen konnten, sei nicht verschwiegen und auch nicht so einfach verziehen. Doch haben in der konkreten Welt der Anthroposophen deren Gedanken keine Resonanz – oder wenn ja, dann vor allem Ablehnung – gefunden. Denn auch die Anthroposophen sind nicht eine auf eine Meinung eingeschworene Gruppierung. Anthroposoph-Sein, das ist kein Beruf, kein Status, kein festgelegter Part in einem Rollenspiel; das ist eine Daseinsform, die vielleicht am ehesten mit dem aus dem Mittelalter bis tief in die Neuzeit hineinreichenden Humanismus verglichen werden kann, nicht was unmittelbar einzelne Inhalte, sondern die ihnen eigene geistige und im Kern innovative Kraft betrifft. Vor allem aber verbirgt sich hinter der Anthroposophie harte Arbeit im Kräftespiel der widersprüchlichen Erscheinungen in unserer Gesellschaft.

Doch einige wenige Zitate aus dem Steinerschen Werk einmal in die öffentliche Diskussion geworfen, nehmen eine Eigendynamik an, und schon ist ein Feindbild kreiert, gegen das kein Kraut gewachsen ist. Keiner jener übereifrigen Kritiker hat die genauen Verhältnisse vor Ort studiert, sondern sie nähren sich zumeist einseitig von den Frustrationen, die sich in ihnen selbst oder bei einzelnen ehemaligen Mitarbeitern oder Nutznießern des anthroposophischen Dienstleistungsangebots eingestellt haben, da irgendwann ihr Bild von der heilen Welt, die sie bei den Anthroposophen gesucht haben, nicht (mehr) gegeben war. Aber genau genommen: diese heile Welt, sie gibt es eben auch bei den Anthroposophen nicht.

«Rationalität und Mythos sind die Pole unserer Zeit»,

notierte Robert Musil Anfang des zwanzigsten Jahrhunderts in sein Tagebuch und erinnerte damit an die seit eh und je bekannten Eckdaten jener Wegstrecke, auf der jeder ein Wissender und Unwissender, jeder ein Fremder unter Vertrauten ist. Zugleich manifestiert sich in seinen Worten jenes spannungsreiche Gefüge zwischen Selbstverständnis und Unbehagen, zwischen Nützlichkeits-Parametern und kryptisch-kreativer Eigenschaftslosigkeit, das in der Wissenschaft und im Alltag Motor und Katalysator zugleich ist. Wie wohl kaum einer neben und nach ihm hat Rudolf Steiner diese Pole der Zeit in sich vereinigt, vor allem aber ausgehalten und in Wort und Schrift, Bild und Architektur seiner Zeit entgegen gehalten. Deshalb war er vielen schon damals unbequem und ist es heute noch. Es ist eben «wahnsinnig schwer, seinen Zeitgenossen geistige Geschenke zu machen», schrieb Franz Marc (im Almanach *Der Blaue Reiter*) – und: recht hat er.

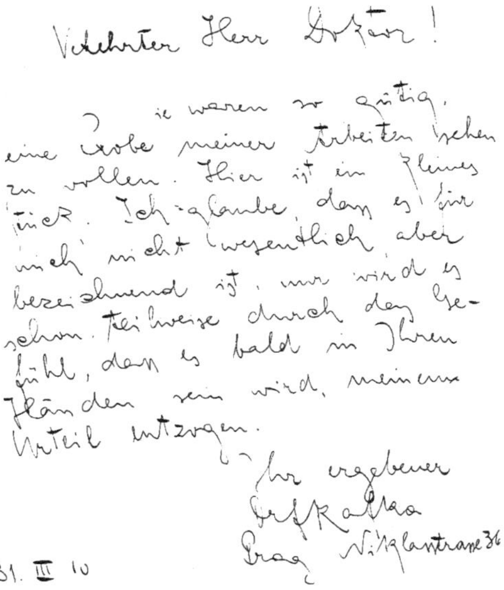

Verehrter Herr Doktor!

Sie waren so gütig, eine Probe meiner Arbeiten sehen zu wollen. Hier ist ein kleines Stück. Ich glaube, dass es für mich nicht wesentlich, aber bezeichnend ist, mir wird es schon teilweise durch das Gefühl, dass es bald in Ihren Händen sein wird, meinem Urteil entzogen.

Ihr ergebener

Dr. F. Kafka

Prag, Niklasstrasse 36

31. III 10

Verehrter Herr Doktor!

Sie waren so gütig, eine Probe meiner Arbeiten sehen zu wollen. Hier ist ein kleines Stück. Ich glaube, dass es für mich nicht wesentlich, aber bezeichnend ist, mir wird es schon teilweise durch das Gefühl, dass es bald in Ihren Händen sein wird, meinem Urteil entzogen.

Ihr ergebener

Dr. F. Kafka

Prag, Niklasstrasse 36

Brief Franz Kafkas an Rudolf Steiner vom 31. März 1910

Mein Besuch bei Dr. Steiner.

Eine Frau wartet schon (oben im zweiten Stock des Viktoriahotels in der Jungmannstraße), bittet mich aber dringend, vor ihr hineinzugehen. Wir warten. Die Sekretärin kommt und vertröstet uns. In einem Korridor sehe ich ihn. Gleich darauf kommt er mit halb ausgebreiteten Armen auf uns zu. Die Frau erklärt, sie sei zuerst dagewesen [...].

In seinem Zimmer suche ich meine Demut, die ich nicht fühlen kann, durch Aufsuchen eines lächerlichen Platzes für meinen Hut zu zeigen, ich lege ihn auf ein kleines Holzgestell zum Stiefelschnüren. Tisch in der Mitte, ich sitze mit dem Blick zum Fenster, er an der linken Seite des Tisches. Auf dem Tisch Papiere mit ein paar Zeichnungen, die an jene der Vorträge über okkulte Physiologie erinnern. [...] Nur kann man nicht herumschauen, da er einen mit seinem Blick immer zu halten versucht. Tut er es aber einmal nicht, so muss man auf die Wiederkehr des Blickes aufpassen. Er beginnt mit einigen losen Sätzen: Sie sind doch der Dr. Kafka? Haben Sie sich schon länger mit Theosophie beschäftigt?

Ich aber dringe mit meiner vorbereiteten Ansprache vor: Ich fühle, wie ein großer Teil meines Wesens zur Theosophie hinstrebt, gleichzeitig aber habe ich vor ihr die höchste Angst. Ich befürchte nämlich von ihr eine neue Verwirrung, die für mich sehr arg wäre, da eben schon mein gegenwärtiges Unglück nur aus Verwirrung besteht. Diese Verwirrung liegt in Folgendem: Mein Glück, meine Fähigkeiten und jede Möglichkeit, irgendwie zu nützen, liegen seit jeher im Literarischen. Und hier habe ich allerdings Zustände erlebt (nicht viele), die meiner Meinung nach den von Ihnen, Herr Doktor, beschriebenen hellseherischen Zuständen sehr nahestehen, in welchen ich ganz und gar in jedem Einfall wohnte, aber jeden Einfall auch erfüllte und in welchen ich mich nicht nur an meinen Grenzen fühlte, sondern an den Grenzen des Menschlichen überhaupt.[31]

Franz Kafka (1883–1924), Schriftsteller

Brief Christian Morgensterns
an das Nobelpreis-Komitee
[wurde nie abgesandt/liegt nur als Entwurf vor]:

Hochgeehrte Herren des Comitees!

Angeregt durch eine Zeitungsnotiz des Inhalts: Frederic van Eeden wolle in irgendeiner deutschen Stadt über Rabindranath Tagore sprechen, auf den Ihre Aufmerksamkeit zu lenken er sich lange bemüht habe, gebe ich einem längst inneren Triebe nach, von dem selben schönen Rechte wie mein holländischer Bruder Gebrauch zu machen.
Der Mann, auf den ich in aller Bescheidenheit Ihren Sinn richten zu können wünsche, ist Dr. Rudolf Steiner, der Inaugurator der gegenwärtigen theosophischen-anthroposophischen Bewegung in Mitteleuropa.
Für den, welcher diese Bewegung seit Jahren aus eigenster Erfahrung kennt, entspricht Dr. Rudolf Steiner in dreifacher Beziehung den Bedingungen der Nobelpreisstiftung: als Wissenschaftler, als Dichter und als Förderer des Friedens. Denn abgesehen davon, dass sein philosophisches Hauptwerk «Die Philosophie der Freiheit» als die wesentlichste Hervorbringung der neuen deutschen Philosophie erkannt werden muss, abgesehen

von den zahlreichen Schriften über Goethe, worunter die Einleitungen zu den naturwissenschaftlichen Werken in der Kürschnerschen Nationalliteratur eine besonders hervorragende Stellung einnehmen, abgesehen endlich von seinem neuen, durchgreifend umgearbeiteten Werke «Die Rätsel der Philosophie» ist Rudolf Steiner als Verfasser der Bücher «Das Christentum als mystische Tatsache», «Theosophie», «Wie erlangt man Erkenntnisse der höheren Welten», «Geheimwissenschaft im Umriss» – um nur die umfangreichsten zu nennen – der erste geisteswissenschaftliche Gelehrte und Schriftsteller Europas, ja, man muss weitergehen: der ganzen gegenwärtigen Kultur.
Sind diese Tatsachen auch dem mehr Außenstehenden nachzuprüfen möglich, so muss sich Ihnen allerdings aus in der Sache liegenden Gründen die hohe Sonderstellung Rudolf Steiners als Dichter der vier Mysterienspiele, die er den Theosophen – oder Anthroposophen, wie sie sich noch lieber nennen – bisher geschenkt hat, setzen bereits theosophisches Leben und Studium voraus und können ihre unermessliche Bedeutung und Schönheit nur vor theosophischen Zuhörern ganz entfalten.

Es ist aber nicht die Absicht des Unterzeichneten, an dieser Stelle von Rudolf Steiner als von einem Phänomen der Wissenschaft oder der Dichtung zu sprechen, sondern nur: ihn in seiner dritten Eigenschaft als eines der größten Förderer des Weltfriedens zu kennzeichnen. In der Tat, wenn heute jemand für die brüderliche Annäherung der Menschen wirkt, so ist es dieser Mann, der allein durch seine Persönlichkeit Angehörige der verschiedensten Nationalitäten in edelstem geistigem Streben einigt. Und mehr noch, dauernder noch als er es durch seine Persönlichkeit irgend könnte, durch die Art und den Inhalt dessen, was er nun schon seit zehn Jahren unermüdlich als Lehrgut verbreitet, pflegt, ausbaut.

Von diesem Lehrgut lässt sich ja bereits vieles aus den genannten Büchern entnehmen; die eigentliche, im höchsten Menschheitssinne schöpferische Tätigkeit Rudolf Steiners jedoch wird erst der Historiker enthüllen, der die Geschichte dieses erhabenen Lebens zu schreiben berufen sein wird. Dann wird mit tiefem Erstaunen wahrgenommen werden, was da in der Stille für den Menschen als solchen überhaupt geschieht und geschehen ist, und welchen unersetzlichen Rückhalt und Stützpunkt ihm die Lebensarbeit dieses Geistes gegeben hat, während das Jahrhundert immer weiter in die furchtbare Wüste des Materialismus hineineilt.

Es wäre einer der für uns alle so wichtigen Lichtpunkte, wenn es im Bereich der Möglichkeit läge, dass sich Ihre

Aufmerksamkeit, hochgeehrte Herren, dieser hohen menschlichen Erscheinung unserer Tage zuwendete, und [...] ich weiß wohl, wieviel Geringschätzung, Verkennung dem Werke Rudolf Steiners ringsum begegnet. Aber auch die Friedensidee ist ja anfänglich verhöhnt und verachtet worden [...].[32]

Seiten 104–111: Stimmen über Rudolf Steiner

«Der Mann ist sicher ein ganz merkwürdiges Phänomen, das man versuchen sollte, ernst zu nehmen. Er verkündigt einige Lehren, an die ich lange geglaubt habe, unter anderem, dass es in unserer Zeit nicht angeht, eine Religion voll unbewiesener Wunder anzubieten: sondern die Religion muss eine Wissenschaft sein, die bewiesen werden kann, es gilt nicht mehr zu glauben, sondern zu wissen. Weiter, dass man sich selber durch ein festes, bewusstes, systematisches Denken Kenntnis von der Geisteswelt erwerben kann. Man soll nicht dasitzen wie ein träumender Mystiker, sondern durch Anstrengung seines ganzen Denkvermögens dahin gelangen, die Welt, die uns sonst verborgen ist, zu sehen. Das ist wahr und richtig, und dazu ist alles bei ihm vertrauenswürdig und klug ohne Charlatanerie. In einigen Jahren wird seine Lehre von den Kanzeln verkündet werden.»[33]

Selma Lagerlöf (1858–1914), schwed. Schriftstellerin

«Hier, in Rudolf Steiner, dem später als Begründer der Anthroposophie die prachtvollsten Schulen und Akademien von seinen Anhängern zur Durchsetzung seiner Lehre erbaut wurden, begegnete ich nach Theodor Herzl zum erstenmal wieder einem Mann, dem vom Schicksal die Mission zugeteilt werden sollte, Millionen Menschen Wegweiser zu werden. [...] In seinen dunklen Augen wohnte eine hypnotische Kraft, und ich hörte ihm besser und kritischer zu, wenn ich nicht auf ihn blickte, denn sein asketisch-hageres, von geistiger Leidenschaft gezeichnetes Antlitz war wohl angetan, nicht nur auf Frauen überzeugend zu wirken. Rudolf Steiner war in jener Zeit noch nicht seiner eigenen Lehre nahegekommen, sondern selber noch ein Suchender und Lernender; gelegentlich trug er uns Kommentare zur Farbenlehre Goethes vor, dessen Bild in seiner Darstellung faustischer, paracelsischer wurde.
Es war aufregend ihm zuzuhören, denn seine Bildung war stupend und vor allem gegenüber der unseren, die sich allein auf Literatur beschränkte, großartig vielseitig; von seinen Vorträgen und manchem guten privaten Gespräch kehrte ich immer zugleich begeistert und etwas niedergedrückt nach Hause zurück.»[34]

Stefan Zweig (1881–1942), Schriftsteller

«Ich habe Spinoza, Kant, Hegel usw. gelesen, Philosophen, von denen man sich an einem Vormittag einen Begriff bilden kann, aber was hat man später davon? Nur Ansichten, nur Gedanken. Steiner jedoch ist etwas anderes. Er fordert, dass man nicht nur denken, sondern erleben und handeln soll. Er gibt exakte Übungen und Methoden an, damit man kontrollieren kann, ob das, was er sagt, wahr sei. Es ist ein Pragmatismus, dem ich nicht widerstehen kann. [...] Ich kann nicht sagen, dass ich Anthroposoph bin – noch nicht. Aber ich versuche es zu werden. Ich habe mich nie von dem Idealismus Platos befreien können, von dem Gedanken, dass die materielle Welt nicht die ursprüngliche oder die einzige sei. Und wenn ich Steiner lese, finde ich eine gewaltige poetische Vision, ebenso groß und eigenartig wie die Swedenborgs. Das ist ein überwältigendes Gedicht, und ich kann an diesem nicht vorbeigehen.»[35]

Saul Bellow (1915–2005), amerik. Schriftsteller

«Mir ist im hohen Alter das Glück zuteil geworden, in die Welt der Anthroposophie eingeführt zu werden und mich im Laufe der letzten Jahre in die Lehre Rudolf Steiners versenken zu können. Hier lebt und wirkt jenes Rettende im Hölderlinschen Sinn; sein Segen hat sich auch auf mich ergossen [...]. Es gibt kein Gebiet meines Innenlebens, das nicht von der hohen Lehre Rudolf Steiners neues Licht und entscheidende Förderung empfangen hätte.»[36]

Bruno Walter (1876–1962), Dirigent und Komponist

«Das absolute Gehör für die Zukunft»

«Kritik», so schrieb einmal die Dichterin Marina Zwetajewa, ist «das absolute Gehör für die Zukunft», und ließ diesem Zitat eine über viele Seiten sich erstreckende harte Auseinandersetzung mit (ihren) Kritikern folgen. Da wird spürbar: Kritik vollzieht sich immer im Spannungsfeld zwischen Freund und Feind, ist immer Ausdruck eines Verhältnisses, das diktiert wird vom Grad der Identität, der Souveränität und Schwäche beider Seiten. Ein schlechter Kritiker rechtfertigt nicht und muss sich auch vor niemandem rechtfertigen. Ein guter Kritiker rechtfertigt nur selten, hat aber im Hintergrund eine Legitimation, hat gleichsam eine Adresse in der Vielfalt der kulturellen Behausungen, die auch seine ganz persönliche sein kann.

Ja, ich weiß schon: Man wird auch gegenüber den hier vorgebrachten Überlegungen den Vorwurf der Rechtfertigung in alle Windrichtungen streuen. Da geht es dann gar nicht mehr um Argumente, sondern darum, dass sich da jemand, der ohnedies noch qua Amt unschwer als Anthroposoph zu identifizieren und damit zu disqualifizieren ist, erdreistet, andere Beobachtungen und Erfahrungen zu verbreiten. Freie Meinungsäußerung gilt schließlich nicht für alle. Wo käme man denn da hin? Was man jedem Angeklagten vor Gericht zugesteht, nämlich die Klarstellung und die Verteidigung, ist im Medienbereich schon lange nicht mehr opportun.

Eines ist mir klar geworden: Es gibt eine Sorte von Menschen, die kann ohne Feindbilder nicht leben. Und am willkommensten sind die Feinde, die sich nicht (mehr) wehren können oder auch nicht wollen, da sie anderes zu tun haben.

Da stehen vor uns so drängende Fragen wie die Asyl-Problematik, der Fremdenhass und der zunehmende Nationalismus. Dies aber anzugehen, überlässt man anderen, weil man eigentlich nur danach bestrebt ist, seine eigene Unruhe zu benennen, abzuleiten, zu zentrieren, den wortlosen Widerspruch direkt mit eingeplant, was das Eigen-Leiden nach außen noch wirkungsvoller illustriert. Da ist so ein Sujet, gemixt aus Okkultem, Faschismus und Rassismus gerade recht, wenn auch nicht neu. Fehlt nur noch, dass man Steiner in die inzwischen beachtlich angewachsene Schar der Verschwörungstheoretiker einreiht, weil all das, was da zusammengeredet werden kann, äußerst medienwirksam, weil unfassbar ist. Man merkt dann gar nicht mal, dass man sich schon ganz auf die Schiene der NS- und Sowjet-Hardliner der fünfziger und sechziger Jahre gesetzt hat, die den gesamten Westen als ein einziges Verschwörungssystem betrachtet haben. Und all die zu Höherem berufenen Kritiker kommen nicht auf die Idee, einmal zu fragen, was denn in der anthroposophischen Bewegung tatsächlich Sache ist. Munter zappt man sich durch Teile der Tertiärliteratur, die auch dadurch nicht wissenschaftlich wird, weil sie ein Professor geschrieben hat. Formulierungen wie «Versteinerte Pädagogik», so der Titel eines von einem Lehrstuhlinhaber verfassten Buches, sagen da mehr über seine Fähigkeit aus, seiner eigenen Emotionalität freien Lauf zu lassen, denn über seine Souveränität im Umgang mit dem Stoff, aus dem nun mal die Wissenschaft gewoben ist.

Und so muss ich mich am Schluss fragen: Was haben wir denn da falsch gemacht? Wie ist es möglich, dass uns trotz jahrzehntelanger Archiv- und Editions-Arbeit all das, was einige wenige Kritiker heute ins Zentrum rücken, entgangen ist? Ein Fall von Betriebsblindheit? Oder hatten wir uns vielleicht doch allzu sehr auf das Wesentliche konzentriert, das die Eigenschaft hat, sich einem täglich zu entziehen und uns deshalb vielleicht so sehr beansprucht und umtreibt? Ein jüdischer Freund aus Basel, eng mit dem Zionismus verbunden, hat vor einiger Zeit in einem Brief an die Grünen und an die Sozialdemokratische Partei sowie andere sich progressiv gebende Organisationen in der Schweiz geschrieben:

«Man sollte keine Feindschaft säen zwischen den fortschrittlichen Kräften, die für eine Humanisierung der Gesellschaft eintreten und gegen Rassismus, Antisemitismus, Sexismus, Umweltzerstörung, Fehlentwicklungen in der naturwissenschaftlichen Forschung, Arbeitsplatzvernichtung etc. ankämpfen. Die anthroposophische Bewegung ist ein wertvolles Glied dieser fortschrittlichen Kräfte.»

Wenn ich bei dem letzten Satz auch ein wenig schlucken musste – man kennt ja seine Leute irgendwie –, so hat mich der folgende Gedanke dann doch überzeugt:

«Wenn sie sich gegenseitig anfeinden, arbeiten sie den rechtskonservativen und rechtsnationalen Kreisen in die Hände.»

In diesem Sinne: Schaut doch mal genauer hin!

Seiten 116–123: Stimmen über Rudolf Steiner

«Dem Visionär und Theosophen Rudolf Steiner wurde offenbart, dass unser Planet, bevor er zur Erde wurde, die wir kennen, eine Sonnenstufe und vorher eine Saturnstufe durchlaufen hat. Der Mensch besteht jetzt aus einem physischen Leib, einem Ätherleib, einem Astralleib und einem Ich; zu Beginn der Saturnstufe oder der Saturnzeit war er lediglich ein physischer Leib. Dieser Leib war nicht sichtbar und nicht einmal fühlbar, denn zu jener Zeit gab es auf der Erde weder feste Körper noch Flüssigkeiten noch Gas. Es gab lediglich Wärmezustände, Wärmekörper. Die verschiedenen Farben bestimmten im kosmischen Raum verschiedene Formen; jeder Mensch, jedes Wesen war ein aus wechselnden Temperaturen bestehender Organismus [...] Hat Rudolf Steiner diese Dinge geträumt? Hat er sie geträumt, weil sie einmal, zu Anfang aller Zeiten, geschehen sind? Es steht jedenfalls fest, dass sie viel erstaunlicher sind als die Demiurgen und Schlangen und Stiere anderer Kosmogonien.»[37]

Jorge Luis Borges (1899–1986), argent. Schriftsteller

«Für mich persönlich ist das Entscheidende an Rudolf Steiner […] dass wir alle die Dürersche Schiene der Imitatio Christi verfolgten und nicht mehr die Imitatio Dei als große Schöpferheroen. Ausgehend von der Frage, wie die soziale Bindungsfähigkeit von Menschen gestärkt wird, und wie man die zerfallenden Formen von Familie, Staat etc. auf einer neuen Ebene mit neuer Kraft formieren kann, ist der Antrieb für soziale Bindungen nach all diesen Desastern der industriegesellschaftlichen Zerstörung der Welt anhand der Rolle des Künstlers in der Geschichte des Westens zu untersuchen. Dabei stellt sich in Bezug auf Steiner mir auch die Frage: War er nun wirklich ein Künstler? Und die Antwort muss natürlich heißen: Ja –, denn auf der Ebene der Poesis ist er formal auf der Höhe seiner Zeit und auch der folgenden Zeiten. Seine Tafeln sind als abgelegtes Werkzeug durchaus mit dem vergleichbar, was in den 60er und 70er Jahren von dem höchstbezahlten Graffitimeister der Moderne, Cy Twombly, geschaffen worden ist. […] Wieso war er so ungeheuer sicher in seinen Vorgehensweisen als Künstler und Gestalter? Dieser Poetiker hätte als Werkschaffender alles machen können. Seine Beschränkung auf die Rolle des Propheten dokumentiert seine Meisterschaft.»[38]

Bazon Brock (geb. 1936),
Prof. für Kunstgeschichte und Ästhetik

«In einer Zeit des kruden Ökonomismus wie der unsern, der alles beherrschenden Abhängigkeit von Geld und Markt, des zunehmenden Ungleichgewichts zwischen Wirtschaft, Staat und Kultur, wirkt Steiners Philosophie, die immer auch Lebenspraxis wurde, wie ein Befreiungsschlag. Nach zweimaliger Unterdrückung der Anthroposophen hat das Primat des Geistes, der noch diskreditiert ist, vielleicht in Deutschland wieder eine historische Chance.»[39]

Guido Magnaguagno (geb. 1946), Museumsdirektor

«Sehr einnehmend lehnt er auch jeden Fanatismus ab, betont den Wert der Einwände: kurz, er arbeitet in der Manier der Wissenschaft, nicht des Glaubens.»[40]

Max Brod (1884–1968), Schriftsteller und Nachlassverwalter Franz Kafkas, über Rudolf Steiner

«Mir scheint, dass Steiners Ideen und Anregungen – gerade weil sie quer zu den gegenwärtigen Denkgewohnheiten liegen – viel zur Lösung der Kultur- und Menschheitsfragen beitragen könnten, die immer bedrohlicher auf uns zukommen.»[41]

Michael Ende (1929–1995), Schriftsteller

Motto: An Gottes Stelle den freien Menschen!!!

Deine Lieblingseigenschaften am Manne?	Energie
Deine Lieblingseigenschaften am Weibe?	Schönheit.
Deine Lieblingsbeschäftigung?	Sinnen und Minnen.
Deine Idee von Glück?	Sinnen und Minnen.
Welcher Beruf scheint Dir der beste?	Jeder, bei dem man nur Energie zu zeigen Gelegenheit hat.
Wer möchtest Du wohl sein, wenn nicht Du?	Friedrich Nietzsche vor dem Wahnsinn.
Wo möchtest Du leben?	Das ist mir gleichgiltig.
Wann möchtest Du gelebt haben?	In Zeiten, wo was zu thun ist.
Deine Idee von Unglück?	Nichts zu thun zu wissen.
Dein Hauptcharakterzug?	Das weiß ich nicht.
Deine Lieblingsschriftsteller?	Nietzsche, Hartmann, Hegel.
Deine Lieblingsmaler und -Bildhauer?	Raffael, M. Angelo.
Deine Lieblingskomponisten?	Beethoven.
Deine Lieblingsfarbe und -Blume?	violett. Herbstzeitlose.
Lieblingshelden in der Geschichte?	Attila – Napoleon I. Cäsar
Lieblingsheldinnen in der Geschichte?	Katharina von Russland.
Lieblingscharaktere in der Poesie?	Prometheus.
Deine Lieblingsnamen?	Radegunde. Das mögen die Frauen entscheiden.
Welche geschichtlichen Charaktere kannst Du nicht leiden?	Die Schwärmer.
Welche Fehler würdest Du am ersten entschuldigen?	Alle, wenn ich sie begriffen habe.
Deine unüberwindliche Abneigung?	Pedanterie und Ordnungssinn.
Wovor fürchtest Du Dich?	Vor Pünktlichkeit.
Lieblingsspeise und -Trank?	Frankfurter Würste – und Cognac. schwarzer Caffee
Dein Temperament?	Wandelbarkeit

Ort und Zeit: Weimar, 8. Febr. 92.

Name: Rudolf Steiner

Fragebogen, den Rudolf Steiner am 8. Februar 1892 in Weimar ausfüllte.

Motto:	*An Gottes Stelle den freien Menschen!!!*
Deine Lieblingseigenschaften am Manne?	*Energie*
Deine Lieblingseigenschaften am Weibe?	*Schönheit*
Deine Lieblingsbeschäftigung?	*Sinnen und Minnen.*
Deine Idee von Glück?	*Sinnen und Minnen.*
Welcher Beruf scheint Dir der beste?	*Jeder, bei dem man vor Energie zu Grunde gehen kann*
Wer möchtest Du wohl sein, wenn nicht Du?	*Friedrich Nietzsche vor dem Wahnsinn.*
Wo möchtest Du leben?	*Das ist mir gleichgültig*
Wann möchtest Du gelebt haben?	*In Zeiten, wo was zu thun ist.*
Deine Idee von Unglück?	*Nichts zu thun zu wissen*
Dein Hauptcharakterzug?	*Den weiß ich nicht.*
Deine Lieblingsschriftsteller?	*Nietzsche, Hartmann, Hegel,*
Deine Lieblingsmaler und -Bildhauer?	*Rauch, Michelangelo*
Deine Lieblingskomponisten?	*Bethoven*
Deine Lieblingsfarbe und -Blume?	*violett. Herbstzeitlose.*
Lieblingshelden in der Geschichte?	*Attila – Napoleon I. Cäsar*
Lieblingsheldinnen in der Geschichte?	*Katharina von Russland.*
Lieblingscharakter in der Poesie?	*Prometheus*
Deine Lieblingsnamen?	*Radegunde. Das mögen die Frauen entscheiden.*
Welche geschichtlichen Charaktere kannst Du nicht leiden?	*Die schwachen.*
Welche Fehler würdest Du am ersten entschuldigen?	*Alle, wenn ich sie begriffen habe.*
Deine unüberwindliche Abneigung?	*Pedanterie und Ordnungssinn.*
Wovor fürchtest Du Dich?	*Vor Pünktlichkeit.*
Lieblingsspeise und -Trank?	*Frankfurter Würste – und Cognac. Schwarzer Caffee.*
Dein Temperament?	*Wandelbarkeit.*

Anmerkungen

1. Unveröffentlicht, Rudolf Steiner Archiv.
2. Andrej Belyj, Brief an Margarita Kyrillowa Morosowa (Januar 1913), in: *Geheime Aufzeichnungen. Erinnerungen an das Leben im Umkreis Rudolf Steiners*, Dornach 1992, S. 255.
3. Preußische Geheime Staatspolizei Berlin, 1. 11. 1935. Quelle: StAM LR 17 134354, BAD Z/B 1 904, BAK R 43 II/822, u.a.
4. Sämtliche Zitate aus dem Brief von C. A. Bernoulli an die Bundesanwaltschaft in Bern vom 13. Mai 1921, Rudolf Steiner Archiv.
5. Zitiert nach: Uwe Werner: *Anthroposophen in der Zeit des Nationalsozialismus (1933–1945)*. München 1999, S. 372 f.
6. Vgl. Steven M. Lowenstein u. a. in: *Deutsch-jüdische Geschichte in der Neuzeit*, Bd. 3. München 2000, S. 285.
7. Rudolf Steiner Gesamtausgabe (GA) Bd. 31, S. 379.
8. GA 349, S. 59.
9. In: *Die tieferen Geheimnisse des Menschheitswerdens im Lichte der Evangelien*, GA 117, S. 146–166, hier S. 151.
10. In: *Das esoterische Christentum und die geistige Führung der Menschheit*, GA 130, S. 160–181, hier S. 169 f.
11. Zitiert nach: *Neue Sammlung*, 23. Jg., Heft 3, S. 281.
12. Peter Bierl: *Wurzelrassen, Erzengel und Volksgeister*. Hamburg 1999, S. 151.
13. Josef Huber: «Astral-Marx», *Kursbuch* Nr. 55, S. 139.
14. Zitiert nach: Walter Beck: *Rudolf Steiner. Eine Biographie mit neuen Dokumenten*. Dornach 1997, S. 123.
15. Albert Steffen: *Geistesschulung und Gemeinschaftsbildung. Aufsätze und Ansprachen*. Dornach 1974, S. 10.
16. Zitiert nach: Gerhard Wehr: *Rudolf Steiner. Leben, Erkenntnis, Kulturimpuls*. München 1987, S. 441.
17. Ebd.
18. Andrej Belyj: *Verwandeln des Lebens*. Basel 1977, S. 29 f.

19. Zitiert nach: Johannes Hemleben: *Rudolf Steiner.* Reinbek bei Hamburg 1963, S. 177.
20. Christian Morgenstern: *Ein Leben in Briefen,* hrsg. von Margareta Morgenstern. Wiesbaden 1952, S. 364.
21. Gabriele Reuter: *Vom Kinde zum Menschen.* Berlin 1921, S. 451 f.
22. Zitiert nach: Gerhard Wehr, a. a. O., S. 439.
23. Zitiert nach: Erika Beltle, Kurt Vierl (Hrsg.): *Erinnerungen an Rudolf Steiner.* Stuttgart 1979, S. 34. Erweiterte Neuausgabe 2001.
24. Piet Mondrian: *Die neue Bildsprache in der Malerei,* IV, in: *De Stijl* 5, 1918, S. 54, Anm. 9.
25. Wassily Kandinsky: *Über das Geistige in der Kunst.* 10. Auflage, mit einer Einführung von Max Bill. Bern 1952, S. 42.
26. Zitiert nach: Heiner Stachelhaus: *Joseph Beuys.* München 1996, S. 87.
27. Zitiert nach: G. Adriani, W. Konnertz und K. Thomas: *Joseph Beuys.* Köln 1973, S. 31 f.
28. Zitiert nach: Maurice Tuchman und Judi Freeman (Hrsg.): *Über das Geistige in der Kunst. Abstrakte Malerei 1890–1985.* Stuttgart 1988, S. 414.
29. *Aus der Akasha-Chronik,* GA 11, S. 23.
30. *Beiträge zur Rudolf Steiner Gesamtausgabe,* Heft 107, Dornach 1991, S. 45.
31. Franz Kafka: *Tagebücher 1910-1923.* Frankfurt am Main 1996, S. 43 f.
32. Zitiert nach: Martin Beheim-Schwarzbach: *Christian Morgenstern.* Reinbek bei Hamburg 1995, S. 135–138.
33. Zitiert nach: Johannes Hemleben, a. a. O., S. 177.
34. Stefan Zweig: *Die Welt von Gestern. Erinnerungen eines Europäers* (1942), Frankfurt a. M. 2003, S. 139 f.
35. Saul Bellow in einem Interview, erschienen in: *Das Goetheanum, Wochenschrift für Anthroposophie,* 56. Jahrgang, Nr. 4, 23. Januar 1977, S. 30.
36. Zitiert nach: Gerhard Wehr, a. a. O., S. 442.
37. Jorge Luis Borges: *Einhorn, Sphinx und Salamander,* Frankfurt a.M. 2004, S. 189.
38. Bazon Brock in: W. Kugler, S. Baur (Hg.): *Rudolf Steiner in Kunst und Architektur,* Köln 2007
39. Guido Magnaguagno in: W. Kugler, S. Baur (Hg.): *Rudolf Steiner in Kunst und Architektur,* Köln 2007
40. Max Brod in: *Pan* vom 16. Juni 1911.
41. Michael Ende in: *Spiegel Spezial* 3/1990.

Bildnachweis

Verlag / Archiv am Goetheanum, Dornach: S. 2, 14 f., 34, 60, 62, 70, 76 f.
Archiv für Kunst und Geschichte, Berlin:
S. 68, 90 (Tony Vaccaro), 104 (NordicPhotos)
Deutsches Albert-Schweitzer-Zentrum, Frankfurt am Main
(Archiv und Museum): S. 72
Foto Huebner, Weimar: S. 79 (unten)
Freunde der Erziehungskunst Rudolf Steiners e. V., Berlin: S. 45
Schiller-Nationalmuseum, Deutsches Literaturarchiv,
Marbach a. N.: S. 106
Ullstein Bilderdienst, Berlin: S. 82, 108, 110, 116, 120, 122
Rudolf Steiner Archiv, Dornach:
S. 6, 18, 24, 38 f., 68, 78, 79 (oben), 84, 97, 124
Archive der Verlage Freies Geistesleben und Urachhaus,
Stuttgart: S. 46, 52, 64 f., 88